2011 NAHAマラソン 完走

東京マラソン 2007 完走

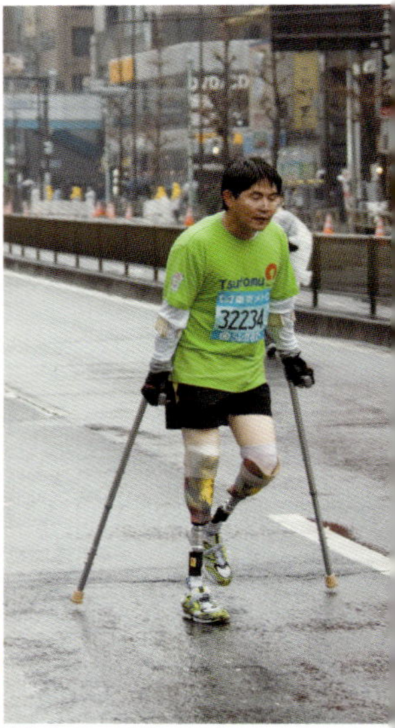

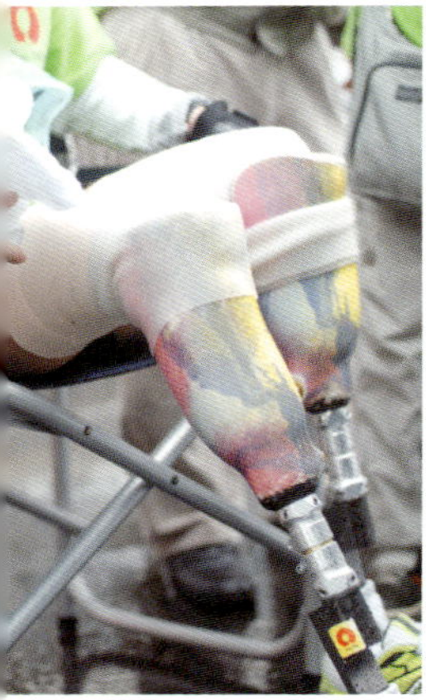

アコンカグア挑戦

2007年8月5日　最初に富士山へ登頂

長野県身体障害者リハビリテーションセンターでの訓練
（現在・長野県立総合リハビリテーションセンター）

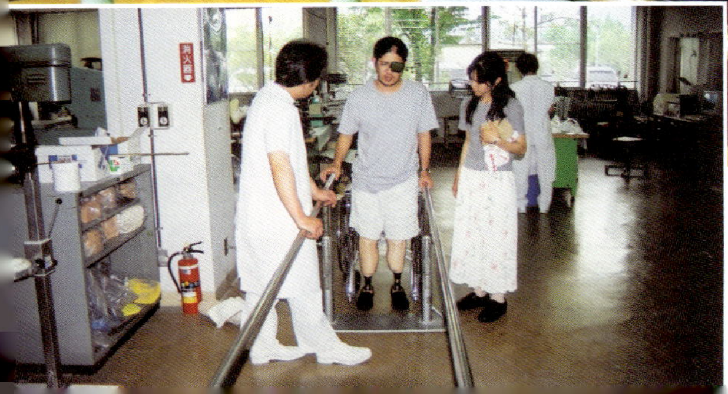

富良野地域の小・中学校、富良野文化会館での講演会

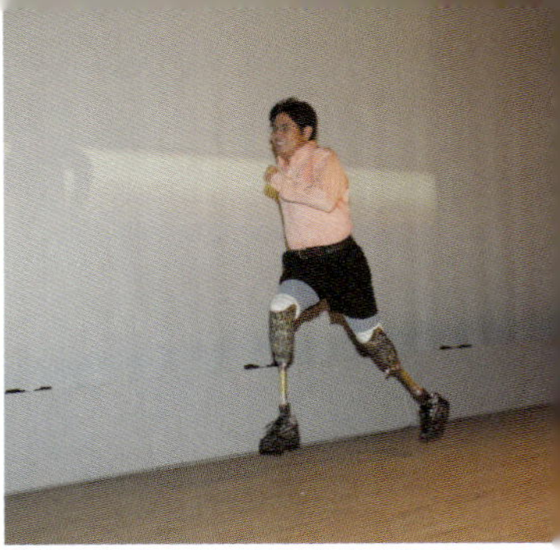

1001回目の講演後、佐古利南さん
生徒の皆さんとの記念写真

Tour de Okinawa 2012 完走

母・美江子

義足の挑戦者

夢をあきらめない

島袋《しまぶくろ》 勉《つとむ》

目次　夢をあきらめない　義足の挑戦者

第1章

「挑戦」
なぜ走るのか、なぜ登るのか

第2章

「勇気」
足がない！ 20ヶ月の入院生活

第3章

「夢」
母と妹、そして少年時代から会社起業まで

第4章

「出会い」
日本中の友人から夢と勇気を貰う

第1章

「挑戦」なぜ走るのか、なぜ登るのか

1. 一番苦手《いちばんにがて》なことへの挑戦《ちょうせん》

両足のない私を見て、よく質問《しつもん》されることがあります。
「足が悪いのに、なぜマラソンをするのですか？」
「なぜ、走るよりたいへんな山に登るのですか？」

その理由は、
「自分にとって一番苦手《にがて》なことからやっているのです」
「自分にとって苦手なことが出来《でき》るようになりたいからです」

どうしてかと言うと、
「苦手なことが出来るようになったら楽しくなるからです」

事故《じこ》にあって入院《にゅういん》し、最初《さいしょ》の義足《ぎそく》ができた当初《とうしょ》は、
少しも歩くことができなかったのです。

両足に義足を履《は》いて立つだけでも、大変な痛《いた》みでした。
義足装着《そうちゃく》すると痛みがあるとは言え、
最初の義足ができると病院での歩行訓練《ほこうくんれん》が始まりました。

リハビリの先生が、
「右足を出して、次に左足を出してください。」
そう言われるのです。

気持ちでは足を出そうと思うのです。
しかし、右の足が前へ出ない。
出せない、左の足も出せないのです。

前に足が出ないのです。
意思《いし》はあっても思うように足が動かないのです。

足首《あしくび》がないので、
どうやって身体《からだ》を前に出していいのかさえ分からない、
そういう状況《じょうきょう》です。

平行棒《へいこうぼう》をつかんでいると右手を先に出し、
右腕の力で右足を出します。
次に左手を出し、左腕の力で左足を出せるのですが、
平行棒をつかまないと足が前にどうしても出ないのです。

どうしたら足が前に出させるか？　わからないのです。

両足がある間は、考えずに足が出せ歩けていたことですので、
それまで考えたことがない新たなことを考え続けました。

●島袋勉歩行訓練記録　2001年6月13日

（栗田智美作成島袋勉リハビアルバムより）

長野県身体障害者《しんたいしょうがいしゃ》リハビリテーションセンター（Physical Therapy）リハビリ用の仮義足《かりぎそく》が出来、6月6日より仮義足を装着《そうちゃく》してのリハビリがスタート。

それまでは車椅子《くるまいす》で理学治療室《りがくちりょうしつ》へ向かいベットで関節可動域《かんせつかどういき》の改善《かいぜん》のための訓練《くんれん》や、筋力増強訓練《きんりょくぞうきょうくんれん》をしていました。

まだ断端部《だんたんぶ》の痛みや幻視痛《げんしつう》が厳しいようですが、痛くても歩行訓練用の仮義足が出来、車いすで理学治療室へ向い、平行棒の前で車椅子《くるまいす》から自分で立ち上りました。

事故の時に頭を強く打った衝撃《しょうげき》で、複視《ふくし》の症状がずっと出ています。二重にも、三重にも重なって物が見えるようで、気分が悪くなるとのこと。それでメガネの片目を覆《おお》うカバーを作って見ました。

（仮義足を装着し歩行訓練がスタートし一週間後の6月13日に撮影）

その当時、私の入院していた病院内には私以外に
両足義足の患者《かんじゃ》はいなかったのです。

片足義足の方を観察《かんさつ》していると、
義足ではない自分の足をまず前に出し、
それから義足の足を次に出して練習していました。

私は最初から杖《つえ》を使わないで歩けないと退院後、
仕事に困ると思っていましたので、
どうしたら足が前に出るのか？　を考え続けました。

そんな時に、とても、「ああ！これだ」
と思う姿に出会ったのです。

それは、私が入院していた
長野県身体障害者リハビリテーションセンター
(現在・長野県立総合リハビリテーションセンター)
の隣に長野県障害者福祉センター
「サンアップル」という施設があったのです。

入院している病棟《びょうとう》からその施設には廊下で
繋《つな》がっていましたので、
私は病院内でのリハビリが終わると
車いすでトレーニングルームへ向かい、
食事までの時間は自主的にトレーニングをしていました。

はやく歩けるようになり退院して会社に戻りたい
と思っていましたので、
毎日トレーニングルームへ行っていました。
そんなある日、
トレーニングルームと室内プールの間に「遊戯室《ゆうぎしつ》」があり、
そこでは、小さな子どもたちを遊ばせている
お母さんたちがいました。
やっと歩きはじめるようになった一歳くらいの子どもが
両腕をひろげ歩き出す姿が目に入ったのです。

この様子《ようす》を見ている時にハッと気が付いたのです。
やっと立ち歩きができるようになったばかりの幼児《ようじ》は、
歩く時には両腕をひろげて、
腕や手に力を入れてバランスをとっている姿を見て
ハッとしました。

「これだ！」と思いました。

それで私も両腕をひろげて
手に力を入れバランスをとるようにすると、
すぐに歩けるようになったのです。

両腕でバランスをとりながら上半身を前に倒すと
足が前に出ることがわかったのです。

赤ちゃんの歩く姿を見ていると、
「ああ！これだ」
と思う事が他にもあったのです。
バランスをくずして転《ころ》ぶ時に
おしりから尻もちをつく子どもと、
前に転ぶ子どもがいました。
前に転ぶ子どもたちは泣くのです。

それで私は、「ああ・・・前に転ぶと怖《こわ》いのだ」
ということがわかりました。

できるだけ転ぶ時は
尻もちをつくような転び方をしようと思い、
尻もちをつく転び方の真似《まね》をしました。
そして尻もち状態《じょうたい》から、

どうすれば一人で立ち上がれるか考えて練習を始めました。

自分一人で両足義足を装着した状態でも
立ち上がることができると、転んでも立ち上がれる！
と思うので、痛みがあってもどんどん一人で
歩く訓練を工夫しなら続けたのです。

●島袋勉入院記録アルバムより・・・（事故から一ヶ月）

那覇市ぶんかテンブス館で開催された『義足のランナー島袋勉と竹富島』では、入院中に私が作成したアルバムを展示しました では、展示したアルバムから一部紹介します。

事故から一ヶ月・・・（事故2001年4月10日）

事故後、船橋市立救急医療《きゅうきゅういりょう》センターに救急車で運ばれ手術。（両足下腿切《りょうあししたももせつ》断《だん》・左大腿部挫創《ひだりだいたいざそう》・頭部挫創《とうぶざそう》）

救急センターのため三週間後は転院先を探し転院するように言われる。（義足の製作室を備えた病院を探す）

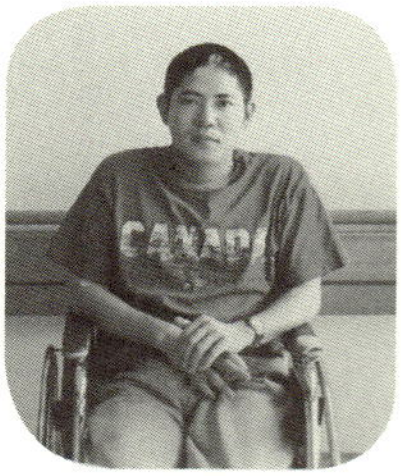

2001年5月10日（写真撮影）
長野県身体障害者リハビリテーションセンター

2001年5月20日（日）
車イスに座るだけでも切断部の痛みがひどく病院の外に車椅子で出るのもやっと・・・
病院の隣の陸上競技場・・・

病院の隣。長野県障害者福祉センターには陸上競技場があり、早くからそこにつれて行きたかったのですが、激痛でなかなか、病室から出られずに・・・
5月20日（日）実現《じつげん》
幻肢痛《げんしつう》がキビシイ・・・

●島袋勉入院記録アルバムより・・・(初めての仮義足装着)

事故から50日・・・2001年5月30日
「義足のソケットが出来ましたので義肢装具室《ぎしそうぐしつ》にどうぞ！」と、連絡を受け、楽しみに義肢装具室へ！
最初の仮義足ができたら“歩ける”と、楽しみにしていました・・・が、装着して、平行棒をつかみ立つと、あまりの痛みで腕の力で体重をささえて、やっと立ちました！
「こんなに痛くて本当に歩けるの？」義足装着後の最初の一言。

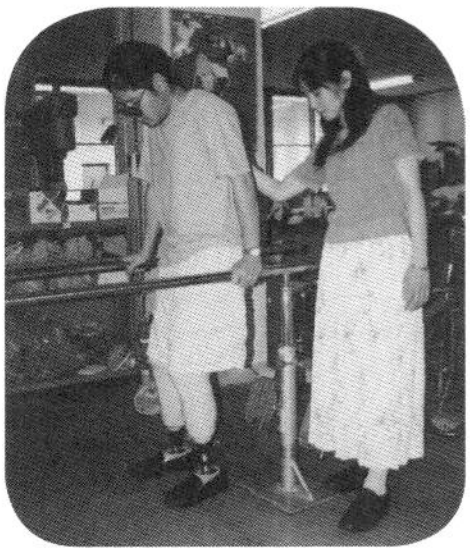

立ったものの
身動きがとれない・・・

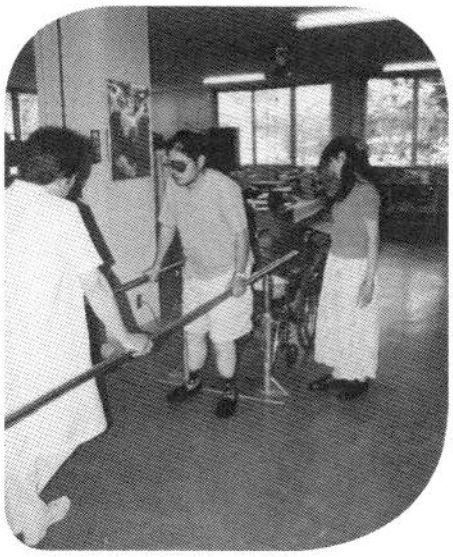

立つのもやっと・・・

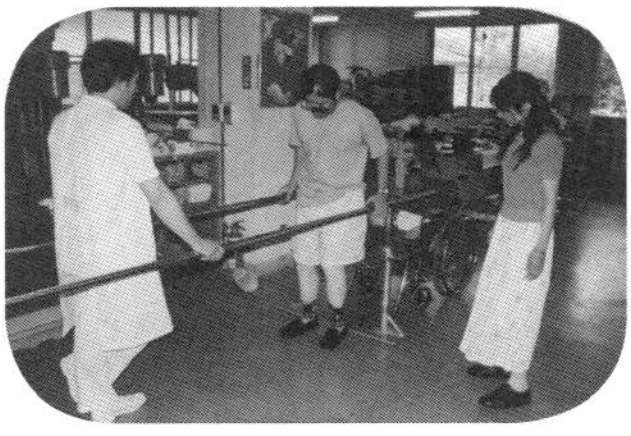

装具士の下村さん
:「島袋さん どう？」
島袋：「体重は足にかけられません・・・」

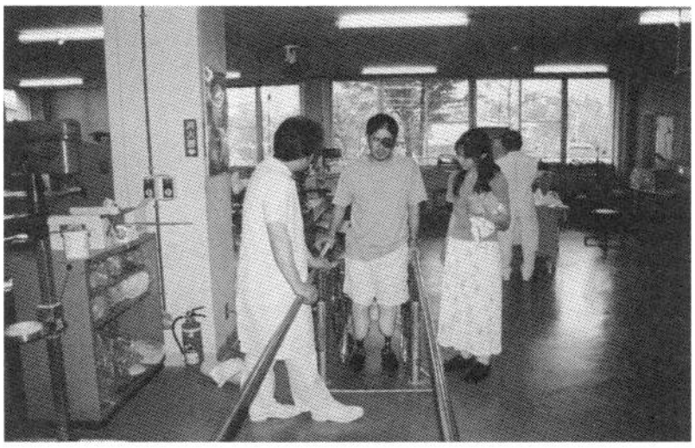

痛みの中、一時間ほど経過すると、
いろいと提案をはじめる・・・

●島袋勉入院記録アルバムより・・・(初めての走！)

2001年4月10日に起きた事故の後、初めて走った『最初の走り』・・・それは2002年2月のことでした。場所は長野県障害者福祉センターの陸《りく》上競技場《じょうきょうぎじょう》トラック・・・周囲《しゅうい》にそびえる信州の山々は白く雪化粧《ゆきげしょう》していました。

両足を同時に浮かせること・・・は本当に“オオゴト”・・・嬉しかった・・・(アルバムを見ると、いろいろな事を思い出します・・・兄を支えてくださった方々への感謝《かんしゃ》がこみ上げてきます・・・)　(栗田智美)

心配する主人です・・・
「止まる時は？」と、
挑戦前《ちょうせんまえ》の記念撮影《きねんさつえい》。
意欲《いよく》に満《み》ちる兄の顔。

2002年2月
「是非　走りたい！」と陸上競技場トラックへ。

初めての走り！影を見て〜〜〜〜！
両足が確かに上がった影が・・・！祝《しゅく》

2. 義足のマラソンランナーの誕生

やっと歩けるようになった時に、私は最初に
「まず目標《もくひょう》を立てないといけない」と思ったのです。
その時に最初に思ったことが
「フルマラソンに挑戦《ちょうせん》したい」ということです。

その理由は、
やっと両足義足を履《は》いて歩けるようになったものの、
歩き出してしばらくすると、
義足の中の断端部《だんたんぶ》がとても痛くなるのです。

それで長く歩けるようになりたいと思ったのです。
が、目標にするなら長く歩くことより長く走る
「フルマラソン！」と自分の中で決めたのです。

目標を決め、実行するために、まず病院で目標を宣言したのです。

義足を作って下さる義肢装具室《ぎしそうぐしつ》のスタッフや
看護師《かんごし》さん一人一人に、
「私はマラソンを走りたいので、
その時は一緒に走ってもらえますか？」
と尋《たず》ねていきました。

こうして一人一人に声をかけて
一緒に走ってほしいとお願いをしていたら、
私の担当の看護師さんが、

「看護師長《しちょう》に頼んでみたら。そうしたら
看護師長命令《めいれい》できっと全員走ってくれますよ」
と笑顔で話してくれたのです。

この看護師長さんというのは、
経塚《きょうづか》さんという年輩の女性でした。それで、
すぐにその経塚師長のところへ行きお願いをしました。

「一緒にマラソンに参加してください」って、
そうしたら師長さんが「いいですよ」って気軽《きがる》に答えるのです。

私はその時に初めて気が付いたのです。
“誰も本当に私がフルマラソンを走るとは思っていない！”
ということに。

それに気が付くと、さらにフルマラソンを走りたくなったのです。

入院中は常に、
「仕事に戻って困ることは何だろうか？」と、考えました。
自分が今、一番苦手《にがて》なことを考えると、
それは長い時間歩くこと、そして走ることでした。

それで目標は、
「一番長い距離を走るフルマラソンだ」と決めたのです。

きっと今、自分にとって苦しく苦手なフルマラソンを
走れるようになったら、
日常生活《にちじょうせいかつ》では出来ないことはなくなるのでは・・・
と思ったのです。

最初の手術が、
事故直後の命を助ける緊急手術《きんきゅうしゅじゅつ》であったこともあり、
歩く訓練をしていると、
どうしても断端部《だんたんぶ》に傷ができてしまうのです。

義足を装着するための再手術がさらに必要との診断を受け、
2002年4月に埼玉県所沢市にある
国立身体障害者リハビリテーションセンター病院へ
転院《てんいん》となったのです。

そして、2001年4月の緊急入院以来、
約20ヶ月ぶりの2002年12月12日に退院しました。

それから最初にマラソンに挑戦したのは、
2004年11月14日に、沖縄県総合運動公園陸上競技場で開催された
中部トリムマラソン大会でした。

3キロのコースを、
40分以内の制限時間内で走るトリムマラソン。
マラソンを完走すれば完走記録が残る。
いつ、何キロを何時間で走ったのか
自分のリハビリ記録にしたいと思い、
トリムマラソンにまずエントリーしたのです。

“3キロならどうにかなる！”

と思いスタートしたのですが、
グラウンドではないコースでは勾配《こうばい》があり路面《ろめん》が悪く、
よろめきながらもとにかく、
ゴールを目指して前進《ぜんしん》し続けました。

足の痛みで朦朧《もうろう》としながらも、
前へ向かいフラフラ前進し37分34秒でゴール！
私にとっては初マラソン完走《かんそう》！ 3キロでしたが、
自分自身にとっては感動的《かんどうてき》な完走となったのです。

公園内をどうにか前進し、
総合運動公園陸上競技場のグランウンドへ入りゴールすると、
ものすごい大きな拍手《はくしゅ》と声援《せいえん》が聞こえてきたのです。
足が痛くて痛くてたまりませんでしたが、
大勢《おおぜい》の方の声援と拍手を受け、
何とも言えない達成感《たっせいかん》と喜びを感じたのです。

すると新聞《しんぶん》記者《きしゃ》の方が「おめでとうございます」と、
取材《しゅざい》に来られました。

その時、「次の目標《もくひょう》は？」と聞かれたのです。

その時に目に入ったのは、
会場に貼《は》られていた「ホノルルマラソン」の
大きなポスターでした。

足が痛くて立っていることもできず、
車椅子にへたり込みながらも思わず

「いつかホノルルマラソン走りたい」
と答えていました。

それが最初のホノルルマラソンを走るきっかけになったのです。

2004年のホノルルマラソンは12月12日でしたので、
中部トリムマラソンで3キロを走ってから、
実は一ヶ月もなかったのです。

●トリム初挑戦で完走　両足義足の島袋勉さん
夢はホノルルマラソン

（新聞記事　琉球新報2004年11月15日）

両足を失った島袋勉さん（41）＝那覇市＝が、初めてのトリムマラソン大会に挑《いど》んだ。3キロコースを、申告タイムの40分を上回る37分34秒の記録で見事に完走。「夢はホノルルマラソンに出場すること。どんどん走る距離を伸ばしていきたい」と笑い声がはじけた。

3年半前に交通事故で両足を失った。だが、パラリンピックのビデオを見て、「頑張《がんば》ればどんなことも出来るんだ」と心を動かされた。「いつかフルマラソンを走る」という誓いを掲げ、再手術や義足作製などを経て、歩行訓練にも前向きに取り組んだ。

初トリムには、不安も大きかった。義足の調子が悪いと痛みが出るので、レース開始までは車いすに乗って疲労をためないよう注意を払った。

力強い走りで陸上競技場に戻って来ると、観客や大会関係者から大きな歓声と拍手が沸き上がった。「3年がかりで出場を果たした。申告時間内に完走することもでき、本当に気持ち良かった」と話し、夢への第一歩を記した。

中部トリムマラソン

室伏由佳さんも参加

3キロコース 山城美貴選手と並走

トリム初挑戦で完走

夢はホノルルマラソン

1ヶ月後の2004年12月12日に、
ホノルルマラソンに挑戦したのです。

実際に走ったのですが、
ゴールするときは痛みでそれはそれは大変でした。
ゴールした時の感動などというものではなく、
ただ足が痛くて、もう休みたい。
義足をぬぎたい。それだけでした。

その時は朦朧《もうろう》としていて、本当に足が痛くて、あまりにも苦しく、
“ああ・・・もうフルマラソンは一回で十分だな・・・”
そう思っていたのです。

ホノルルマラソンを完走して帰国後のことです。

私にとって最初のマラソンである、
3キロのトリムマラソンの取材をした琉球新報の記者へ
「あの時の取材がきっかけでホノルルマラソンを走ることができました」と、
感謝の気持ちを伝えるため妹が記者へ手紙を送ったのです。

すると、その記者から、
「ホノルルマラソン完走おめでとうございます」と、
手紙のお礼と同時に、
年明けに取材に行きたいとの依頼《いらい》がありました。

年が明けて今度は沖縄タイムスの新聞記者が取材に来ました。
その頃には、足の痛みもかなりひいて、
フルマラソンを完走できた喜びのような達成感《たっせいかん》があり、
とても気持ちもいい時でした。

そこで記者が私に聞いてきたのです。
「次の目標は何ですか？」
その時、私は義足なしで泳げるか？　挑戦中《ちょうせんちゅう》でしたので
「トライアスロンに出場したいです」と、答えていました。

私が話したことが新聞に掲載されると、
その記事を読まれた方々が皆さん同じように質問されるのです。

「準備はどのくらい進んでいるのですか？」
「いつ頃、出場するのですか？」と、言った具合《ぐあい》です。

ところが、その時の私は、「プールで泳げるのか？」
と練習していたぐらいで、もちろん両足義足になった後、
自転車に乗ったこともなかったのです。

しかし、皆さんが「トライアスロンはいつ出るのですか？」
と聞いてくれるので、これは自転車の練習をしないといけない！
そう思い、自転車を買って乗り始めたのです。
そうすると、周囲《しゅうい》の皆さんは、
「今度はトライアスロンに出場するんだな」

と、確信《かくしん》してしまったようなのです。
その時は、4月に沖縄県の石垣島で開催《かいさい》される
「石垣島トライアスロン」に本気で出場しようと思っていました。
それが、残念ながら申込み期間が過ぎてしまっていたのです。

申込み期間が終了しているからって、
何もしないのはあまりにも格好悪《かっこうわる》い！
それで“1回でフルマラソンはもういい・・・”
と思っていたのに、2回目のフルマラソンを走ることになったのです。

バンクーバー国際マラソンを走ろう！と、思ったのです。

2005年5月1日にカナダのバンクーバーで開催《かいさい》される、
バンクーバー国際マラソンへ申込みをしようと思ったのが
4月のゴールデンウィークも始まろうとしている頃でした。

マラソンの申し込みはまだ出来るのですが、
ゴールデンウィークで飛行機がすでに満席《まんせき》。
ホテルもいっぱいで予約できない。そんな状況でした。
この連休中は、今からでは飛行機の手配《てはい》は難《むずか》しいのかな・・・
と感じ出していました。

「何かいい方法はないかな」と考えていると、ふと気が付いたのです。
「ゴールデンウィークって日本だけ？」
それに気が付くと、日本からとにかく出ることができれば、

「バンクーバーへ向かう飛行機には空席《くうせき》があるのでは！」
これがドンピシャリでした。
沖縄の那覇空港から一番近い国外の台湾までの予約状況を
調べると空席がありました。
台湾からンバンクーバーまで行く飛行機便を調べると、
空席があったのです。

すぐに予約して、とにかく向うことにしたのが、
私にとって2回目のフルマラソンでした。

****

初めてのホノルルマラソンを完走した後、
10キロのマラソン大会には出場するようにしていました。
出場した大会は以下の通りです。

- ●2005年1月9日海洋博公園全国トリムマラソン　10.0km
- ●2005年2月13日NAGOマラソン　10.0km
- ●2005年2月27日おきなわマラソン　10.0km
- ●2005年3月27日あやはし海中ロードレース大会　10.0km

****

2回目のバンクーバー国際マラソンは、
8時間40分44秒でどうにかゴールしました。
初めて挑戦したホノルルマラソンでは
12時間59分29秒でしたので、
5ヶ月後に42.195キロのフルマラソンを

9時間以内で完走できたのはうれしいことでした。

カナダにはテリーフォックスという、
片足義足で「がん撲滅《ぼくめつ》」のための研究資金《けんきゅうしきん》を募るために
アメリカ大陸を横断した英雄《えいゆう》の歴史があります。
それだけに、両足義足で走る私を見て、
激励《げきれい》の大きな声援《せいえん》が大きく響きとてもうれしく感じました。
足の痛みはかなりありましたがエールに後押《あとお》しされるかのように
感じながら、とにかく前へ。そんな感じです。

私が出場したその年は、
テリー・フォックス基金の生誕《せいたん》25周年で
記念コインも発行《はっこう》されていました。
そんなこともあり、私が走っていると
「ジャパニーズ・テリー・フォックス！」
とエールが響《ひび》き、ゴールに向かうランナーからも
肩をたたき励《はげ》まされました。

さらにバンクーバー在住の日本人留学生がサポートしてくれ、
一緒に前進してくれたり楽しい出逢《であ》いもありました。

しばらくすると、
「ジャパニーズ・テリー・フォックス！
両足義足でフルマラソン完走を遂《と》げた沖縄のランナー」
と紹介された「バンクーバー新報」が届いたのです。

～バンクーバー国際マラソン感動秘話《ひわ》～
「ジャパニーズ・テリー・フォックス！」
両足義足でフルマラソン完走を遂げた沖縄のランナー

（2005年5月12日バンクーバー新報）

今月1日に行われたバンクーバー国際マラソンには、日本からも多くの人々が参加した。その中に、4年前に踏切事故で両足を失った島袋勉さん（42）の姿もあった。義足と松葉杖で走る42.195キロは、想像を遥かに超える壮絶《そうぜつ》な戦いである。そしてその勇姿は、ウェブで島袋さんの参加を知った日本人留学生たちをも巻き込み、感動ストーリーを生み出した。

サポーター志願者は20名以上になった。

約30キロの行程を共にした松田さん（島袋さんの左隣り）は、「道中、カナダの人々が温かく、感動した」と語る。翌日は島袋さんを囲み、居酒屋《いざかや》で打ち上げを行った。

バンクーバー国際マラソンを走り帰国後、しばらくすると、
「両足義足の日本人がバンクーバー国際マラソンを完走した」
とのことでテレビ局より取材があり6月に放送されると、
知らない方も皆さん、よく声をかけて下さるようになりました。

その後7月、オーストラリアで開催される
ゴールドコーストエアポートマラソン、
10月に沖縄県久米島で開催された久米島マラソン、
11月ニューヨークシティマラソン、12月に二回目のホノルルマラソン
と一年間に5回のフルマラソンに挑戦しました。

- ●2005年7月3日ゴールドコーストエアポートマラソン　42.195km
- ●2005年10月23日久米島マラソン　42.195km
- ●2005年11月5日ニューヨークシティマラソン　42.195km
- ●2005年12月11日ホノルルマラソン　42.195km

****

2005年にはフルマラソンだけでなく24時間で、
どれだけの距離を進めるか？
一人で24時間走ったりと、そんなことにも挑戦しました。
長野県野辺山で開催された24時間マラソンには、
長野市内で入院当時お世話になった看護師さんたちも
家族づれで応援に駆《か》けつけてくれて応援してくれたのです。
とても嬉《うれ》しかったです。

愛知県豊田で8月に開催された24時間マラソンは、
足の痛みに加えて猛暑《もうしょ》で苦しみましたが
仲間が駆《か》けつけてくれて80km朦朧《もうろう》としつつも
どうにか前進したこともありました。

- 2005年5月29日8時間共生・共走リレーマラソン　48.0km
- 2005年7月30～31日　24時間マラソンin野辺山　74.0km
- 2005年8月27～28日　24時間マラソンinとよた　80.8km

****

距離が長くなると、
どうしても義足の中の足が痛くて痛くて苦しむのですが、
苦手な事が楽しくなる方法を考えるためにも
マラソンを続けています。ハイ。
2006年も4回フルマラソンを走りました。

- NAGOハーフマラソン　21.0975km（2006/2/12）
- おきなわマラソン　10.0km（2006/2/26）
- あやはし海中ロードレース大会　10.0km（2006/4/02）
- バンクーバ国際マラソン　42.195km（2006/5/07）
- 久米島マラソン　42.195km（2006/10/22）
- ニューヨークシティマラソン　42.195km（2006/11/05）
- ホノルルマラソン　42.195km（2006/12/10）

それ以降も、
最後までやり遂げる習慣を身に着けるため走り続けています。
ハイ！今も走っています。
先日、小学校の講演会《こうえんかい》で、
「義足でマラソン大会に何回出たんですか？」
こう質問されたので数えてみたのです。
数えてみると、2012年までに53回走っています。
(島袋勉／マラソン・登山の記録は巻末に掲載しました)

3. 6,960メートルの山に登る

マラソンを続けていると、ある程度路面《ろめん》のきれいな道は、
長い距離を歩くこと、そして走ることも、
できるようになってきました。

でも、路面に凹凸《おうとつ》があったり、傾斜《けいしゃ》が急な道になると、
足に非常な痛みが出るのです。
正直なところ悪い道は痛みがひどくなるので
行くのがいやだったのです。

そこで自分なりにまた考えたのです。
「克服《こくふく》するために目標を作ろう！」と思いました。

悪い道が続くのは山だ！　そこで、
「よし、今度は登山に挑戦《ちょうせん》しよう」と考えたのです。

と言っても、登山について私は何の知識もありませんでした。

そこでまず、目標を立てるにあたって、
一番難《むずか》しそうと頭だけで勝手に思っている山に、
世界最高峰《さいこうほう》のエベレストに登ろう！と決めたのです。

エベレストに登ろうという目標を決めたのですが、
この時もマラソンの時と同じように、
山について知識が全然ありません。

本当に無知《むち》っていうのは怖いものです。
でも「エベレストに登りたい！」と目標を決めたので、
「エベレストに登るにはどうすれないいのか？」を調べたのです。

すると、日本で公募《こうぼ》登山隊というのがあるとわかったのです。
そこへ参加すると、エベレストへ上る登山隊に加えてもらえる
という説明があったので、さっそくそこへ相談したのです。

相談すると、「じゃあ、山に登れるのかわからないので、登山履歴《りれき》
を書いて下さい」と言われました。
私は山に登ったことは全然ないので、何も書くことがありません。
それで、訳もわからず、〈ホノルルマラソンを何時間で走りました〉
などマラソン歴を書いて提出《ていしゅつ》したのです。

そうすると、まず言われた事は、最初からエベレスト登山というの
はともかく、まず高い山に一度登った方がいいと言われました。
具体的に、「アコンカグア」という山を登った方がいいと言われた
のです。
その山は、標高《ひょうこう》が6,960メートルということでした。
この山に登って状況を確かめてきたほうがいい、
ということになりました。

それで、登山隊に加えてもらい参加することになったのです。
しかし私が、飛行機の中でこれまでの話をしたら、
すごいブーイングを受けてしまいました。

他の登山隊員からすると、自分たちは今回の為に何十年も山登りを続けてきたのに、山に登ったことのない人間が参加していることは何事だということなのです。

私からすると、
「詳しい事はよく分からないんですけど、エベレストに登りたいのですが何とかなりませんか」と聞いたところ、
「ここへ行ってくださいって言うので、その通り来ただけです」
と言いたい気持ちでした。
それでも「登山に挑戦する」と決意して出向いているのですから、
もちろん目標の山に向かいました。

2006年2月、私が初めて登った山は、チリ近郊《きんこう》にそびえる、
5,430メートルの「エルプロモト」という山です。
それから、アンデス山脈にある、南米最高峰の「アコンカグア」
という6,960メートルの山です。
アコンカグアの登頂はその時、あいにくと天候が悪く、
誰一人として頂上まで登ることはできませんでした。

私は5,000メートルをちょっと登ったところで、
気圧が低いため足がどんどん膨《ふく》らんできてしまったのです。

それで、義足に足が入らなくなって、
そこから上には登ることができませんでした。

「高い山に登ると断端部がどうなるのか？」
その時に経験してはじめてよく分かりました。
登山する時には、しっかりとその対策と準備をしないといけないと実感《じっかん》しながら日本に帰国したのが山登りの最初です。

4. 最初の富士山登頂

私が海外登山より帰ってくると、周囲の方たちから、
「島袋さんはアンデス山脈に行くぐらいですから、
富士山にはもう何回も登っているんでしょう」と言われるのです。

ところが私は、事故に遭《あ》う前でも、
富士山に登ったことがなかったのです。
事故に遭うまでは40代までは仕事に集中し、
登山は退職後の楽しみにしたいと実は思っていたので、
国内の山にも登った経験がなかったのです。

それで、これではいけない「富士山に登ろう」と決意《けつい》し、
2007年8月5日に最初に富士山へ登頂しました。
その時の様子は、新聞やTVでも報道されました。

●富士山　～痛みに耐《た》えて、遂《つい》に富士山登頂

参加したみんなと頂上を目指して上に登ることだけを考え続けました。義足を脱いでライナーにたまる汗をこぼし汗を拭いて又一歩を踏み出す。
一歩足を出すと頂上に一歩近づく！それだけをを信じて！
島袋勉、ヤッター！！登頂の瞬間《しゅんかん》はあまりの骨の激痛《げきつう》で立つのが必死。今回は中村文昭さんから連絡を受け、てんつくマンもみんな一緒に登ることになりました。みんなで声をかけ合いながら前進。中村さんの小学一年生と二年生の息子も頂上まであきらめずに前進。そして、みんな素敵《すてき》な笑顔！笑顔！

●痛み、義足故障 乗り越え

（琉球新報　夢への挑戦 富士山登頂記　上　2007年8月25日掲載）

両足義足のランナーとして知られ、これまで国内外のフルマラソンなどを完走した島袋勉さん（44）＝西原町＝が八月五日、富士山の登頂に成功した。苦難と感動の登頂記を寄稿《きこう》してもらった。

私は那覇市で生まれ、幼少のころ、伊江島で育った。島の真ん中に標高《ひょうこう》一七二メートルの城山という島唯一の山があった。幼いころ、そこへ登るのは大仕事だった。

小学校へ入学したころ、日本で一番高い山は富士山だと知り、数年して世界一高い山はエベレストだと分かった。いつか富士山に登ってみたい、エベレストに登りたい！そう思い始めていた。

社会に出ると毎日が慌しくそれどころではなかった。仕事をリタイヤしたら登山に挑戦しよう！そう思っていた。

六年ほど前に突然、電車にはねられる事故に遭ってしまい、気づいたときには両足がなくなっていた。脳や眼にも障害を抱えた。富士山やエベレストの話どころではなくなってしまった。

山のことなど思い出すこともなくなっていた二年ほど前、小学校へ講演に行った時、質問された。「子供のころの夢は何でしたか？」。家に帰ってもう一度考え、思い出した。夢はエベレストに登ることだった。

そのころの私は、義足で平坦でない道を歩くのが苦手だった。痛みがひどいので悪路《あくろ》を歩くのを避けていた。

足がなくなったくらいで夢をあきらめてはいけない！そう思って富士山、エベレストへの挑戦を始めた。不思議なもので登山を決意すると、今まで避けていた悪い道を歩くことが好きになってきた。夢を実現するための訓練だと思えば、どんなに痛みが出ても苦にならなかった。

昨年九月。静岡での講演の時に富士山に登れるか聞いた。登れる期間は七月から八月までだという。仕方なく、来年登りたいと伝えて帰ってきた。そんな話も忘れかけた十二月十日。ホノルルマラソンに参加するためハワイのホテルに泊まっていると、深夜、携帯電話が鳴った。「富士山に一緒に登りましょう」。三重県在住の会社社長、中村文昭さんからの連絡《れんらく》だった。二つ返事《へんじ》で了解した。

少人数で登るとばかり思っていたが、中村さんや路上詩人《ろじょうしじん》のてんつくマンも参加し、他の参加も受け付けているという。おまけに登頂し下山した当日に四百八十人収容の会場でトークショーも計画されているという。下山直後の“トークショー”本当にこんな事ができるのだろうか？　そう思った。山道は岩場や凹凸が多いので義足では痛みがひどい。足に傷もできる。準備は周到《しゅうとう》にしよう！そう思い履いていく義足を選び調整《ちょうせい》をした。

出発の前日、坂道でテスト登坂《とうばん》した。その時、思いがけない事態《じたい》が起こった。義足の調子がおかしいのだ。それでも無理して進んでいると、ついに義足が完全に壊《こわ》れてしまった。ショックを受けている余裕《よゆう》はなかった。翌日に出発が迫っていた。とりあえずいつもの義足に取り換《か》え、調整する時間もなく沖縄を出発した。

●逆境の中、ベスト尽くす

（琉球新報　夢への挑戦 富士山登頂記　下　2007年9月1日掲載）

急いだため、かっぱを忘れてしまった。買いそろえて五合目に集合時間の二時間前には着くことができた。富士高女子バレー部員が受付や準備をしてくれた。参加人数は七十人を超えた。義足の調子はすこぶる悪い。午後四時には団結式をして出発した。初めて登る山であり、義足に気がとられ、山の情報もあまり集めていない。最初はなだらかな登り道、少し安堵《あんど》した。しかし登るにつれて岩場が多くなる。岩場は今使っている義足では痛みが出やすい。痛みが次第に強くなってくる。どのように調整したらいいのか頭がフル回転する。
しかし、急いでいいかげんな調整をしてしまうとかえって足を痛めてしまうことになる。足への負担が少しでも軽くなるよう歩き方を工夫する。砂場《すなば》は滑《すべ》るが足への負担は軽くなる。用心しながら一歩一歩進む。
ここまで二時間弱。今日の予定は七合目の山小屋まで、そこで夕食のカレーを食べ仮眠する。
朝の集合時間は三時。なかなか全員そろわない。点呼をして新七号目の山小屋を出発したのは三時半ころだった。砂地が続いた。足への負担が少ない。これが頂上まで続いてくれれば楽勝だ。しかしそうは問屋がおろさない。しばらくすると岩場になった。すると進む速度が落ち始めた。その時だった。私を追い越そうと後ろから来た若い人が岩伝いに追い越しをかけた。彼が岩から飛び降りたときのことだった。こともあろうか私の杖の上に着地したのだ。"ボキ"。鈍い音とともに杖は折れた。
義足の調子が悪い上、杖がなくては前に進むのが難しい。応急処置《おうきゅうしょち》をしようにも道具もない。逆境の中でいつも考える事は"与えられた条件の中でベストを尽くすこと"。今できる事は何だろう！
まず壊れた長さの全然違う杖を突いて次の山小屋へ向かった。そこでサポートの人達が元祖七合目《がんそななごうめ》の山小屋の人にドリルとのこぎりを借りてきた。応急処置《おうきゅうしょち》でどうにか長さを合わせることができた。
しばらく休憩《きゅうけい》をとって出発した。何度も休憩をとり前へ進み続けた。八合目、足の痛みで思考力《しこうりょく》は完全になくなっていた。一歩前へ進めば少し頂上に近づく。これだけを考え続けた。その時、朝日が昇りその美しさに足の傷みも忘れしばし見とれた。
そして九合目、岩場に苦しみながらも登り続けた。九合五勺《きゅうごうごしゃく》、そこで皆が先に頂上へ行き、私を迎えることになった。頂上の鳥居が見える。見えてからの距離の長いこと。鳥居の周りで皆が待っている。皆の声援が聞こえる。あと少し。そして十時すぎ、ついに頂上にたどり着くことができた。はるか下に雲海《うんかい》が見えた。子供のごろの夢がまた一つ実現できた。

●海抜《かいばつ》ゼロからの富士山登頂

子どもの頃から、いつか富士山へ登りたいと思っていましたが、
事故で両足を失って後は、
「富士山に登りたい」と思っていたことも忘れていました。

しかし、山登りの目標が出来ると、子供の頃からの
「富士山へ登りたい」と願っていたことを思い出し、
実際に富士山に登頂出来た2、3日は、足が痛くても、
気持ちはといえば、とても満足していました。
ところが、義足の中の骨の痛み回復してくると、いつものように、
私の中にふと、疑問が生まれてきたのです。
「富士山の五合目って何メートルかな？
2,000メートル超えているの！」
この事実に気が付くと、私は心の中で、
「これって富士山へ登ったことになるの？」と考えたのです。

そこで、「よし、来年は麓《ふもと》から登ろう」と決めたのです。
それで初登頂した、翌年の2008年8月には麓から
登ることにしました。

●富士登山／北口本宮富士浅間神社《きたぐちほんぐうふじせんげんじんじゃ》より

8月13日（水）朝のフライトで那覇から羽田空港へ・・・、そして富士吉田駅へ向い、馬返《うまがえし》、一合目と前進し里見平までの登山予定・・・。

8月14日（木）八合五勺《はちごうごしゃく》の山小屋「御来光館《ごらいこうかん》」まで登山予定。

8月15日（金）日の出に間に合うよう登頂する予定です。それから下山・・・、今年は念願《ねんがん》であった山麓《さんろく》からの挑戦です！。

★富士登山レポート

2008年8月13日（水）「富士山へ出発」

am 8：00那覇空港発のフライトで羽田空港へ。

羽田より山梨県富士吉田駅へ。

今回は義足の課題に取り組むため兄は富士山へ一合目から単独登山に挑戦。

吉田口登山道から馬返へ。

馬返を15：00出発。

一合目に到着する頃はすでに装着しているライナーの中は汗がいっぱい。

●富士登山/里見平よりスタート

14日（木）里見平～八合五勺《はちごうごしゃく》の山小屋「御来光館」まで登山予定。

15日（金）日の出に間に合うよう登頂予定。それから下山。

富士登山記録　↓

2008年8月14日（木）am 8：30　五合目の里見平★星観荘出発。

急斜面の岩場が続く中、汗をビッショリかきながらひたすら前進。
兄を見ていると自然に義足が動いているように見えるのですが、義足の足分は足首の機能も感覚も無いのですから重心移動の度に頭で考えながら次の足場を考え腕の力で一段一段。
気持ちで負けると、もう一歩も前進できないだろうな・・・と見ていました。
思うように義足が岩場から抜けなかったりバランスを崩しては独り言をブツブツ語りつつグルグル頭を回転させつつ前に腕を出して前進。
ブツブツ語りつつグルグル頭を回転させつつ前に腕を出して前進。
もうすぐ七合目！上を見て前進。
ゴツゴツした大岩の後は小さな岩がとても嬉しそう。
足の痛みと暑さ。急に霧が発生。それでもしっかり一歩一歩前に。
七合目を過ぎると、更に課題《かだい》がたくさん。岩も不安定・・・。
義足のソケットの中の断端部《だんたんぶ》は真っ赤。
標高が高くなると義足の中の足も脹らんでくるようです・・・。
頭をグルグル回転させながら、どうやれば義足のソケットの中の骨の痛みを軽減させられるか？の重心移動。八合目を過ぎると断端部が脹らんできて、義足を脱ぐともう入らないかもしれないので、脱がずに前進。
だんだん空に近づく。八合目を過ぎると気温が下がる。義足のライナーを脱いで汗を拭きたいようですが、脱ぐと脹らんだ足が入らなくなるので、八合五勺の御来光館を目指して上へ。
ソケットから断端部を出せないまま、圧迫され痺れた状態で前進。
ソケットに断端部の骨があたり激痛で兄（島袋勉）の頭は朦朧としている様子。
腕の力で一歩一歩前へ進み続け予定通り無事 八合五勺の上にある御来光館《ごらいこうかん》へ到着。
am2：28に真っ暗な強風の吹く富士山頂に無事到着。

強風にあおられ真っ直ぐ立つのがやっと。日の出まで待機できる場所を探し、寒さ対策をあれこれと工夫し考える兄（島袋勉）と私（栗田智美）。
友人とも無事に頂上で会えました。
am4：50頃からうっすらと独特の色の光り。そして美しい日の出。
畏怖《いふ》の念を感じる大空と雲そして太陽の輝きでした。

その時は、やっとの思いで吉田口登山道から馬返《うまがえし》へ向かい
一合目から登頂しました。
朝、ご来光《らいこう》を見て五合目まで下山し
次の予定のため急いで羽田空港へ向かいました。

またしばらくすると、
私の中でまた疑問のようなものを感じ出しました。
麓《ふもと》から登って五合目まで降りてきたのでは・・・
なんかスッキリしないのです。

最初の挑戦は、
皆と一緒に五合目から登って五合目まで降りてきたのです。
そして2回目は、
麓から登りたいと思い登頂後、五合目まで下山し、
急いで羽田空港へ向かったのです。

よく考えると、やっぱり麓か登ったら麓まで降りたい！
と思ったのです。

それで、次の年の2009年8月3回目には、
麓から登り麓まで降りてきたのです。

●2009年 富士山登山・・・麓《ふもと》から頂上・・・そして麓まで

8月2日（日）早朝に富士吉田口一合目より登り始め
八合目まで登山予定。
8月3日（月）日の出に間に合うよう登頂し、
それから一合目まで下山予定。
今年は、麓から登り麓に下りるまでに挑戦・・・
と思っています。
雨で滑る中、上へ上へと・・・。毎回、課題がいろいろ・・・。

ここまでして下山してくると達成感のような感動があり、
最初は満足していたのですが、
しばらくするとまた疑問を感じてくるのです。
「麓って、標高何メートル？」って。

どう見ても1,000メートルくらいはあるのです。
それでまた考えたのです。
「これでは、おかしい」と思い始めるのです。
「海抜ゼロから3,776メートルの富士山へ登頂したい」
と思い始めたのです。
駿河湾《するがわん》の湖水《こすい》を触《さわ》って、
それから富士山の頂上を目指したいと思ったのです。

ところが日程的に、かなり厳しいことがわかりました。
駿河湾から歩き出すと五合目までにかなり時間がかかり、
日程的に難しくなるので、五合目までは、
自転車で向かう事にしたのです。

五合目から歩いて頂上を目指し、
海抜ゼロからの富士山登頂を実感できました。

実際、やってみると雨風も強く、自転車で向かい風の中を、
駿河湾から五合目まで、自転車で走るのもなかなか厳しいものです。

「これから本当に頂上まで登れるのかな？」
と、足の痛みがひどくなるにつれて、自分に問いかけます。

それでも、「一歩前に足を出すと一歩頂上が近づく！」
と考えると、前に足を出し、頂上まで行くことができました。
足の痛みと寒さ、さらに頂上では風の強さで、
身動きがとれない時もありましたが、
海抜ゼロから登頂できたと思うと嬉しくなるのです。

●2011年　富士山登山　海抜0～自転車でスタート

8月21日（日）海抜0地点の駿河湾より自転車でスタート五合目（標高2304m）
8月22日（月）五合目（標高2304m）～登頂
今年は富士山に海抜0地点から自転車で五合目（標高2304m）まで上り、吉田ルートで登頂を目指す目標がありました。
雨の中でしたが前進し続けられ登頂できうれしく思っています。

登頂した瞬間は、義足の中の足の骨が痛くて、体は寒さでガタガタ、
意識は朦朧《もうろう》としていたのが現実で、登頂したときの感動や喜びを、
こころから実感できたのは下山してからでした。

実は登山は、義足を改良するためにも、とても役立っています。
そして、もう一つ私が登山に挑戦し続けている理由があります。

それは山に登る時には、水や食べ物とか必要なものは、
自分で考えて持っていかないといけない。
さらに高い山ほど空気が薄《うす》くなり苦しくなる。
普段の生活では、空気って当たり前のもので何も感じていませんが、
山に登って空気が薄いということを実感して後に、下山して呼吸が
楽になるだけで、とても幸せな気分を味わえるのです。

苦しくなると、はやく降りたいと思うのです。
いかに普段は、恵まれた環境で生活しているのか
実感する時になります。
山で苦しいからこそ、考えたり気が付くことや発見があるのです。

本当は何もない状況が当たり前だと、山に登ると実感します。
意識しなくても呼吸ができ、適度《てきど》な空気に囲まれた居心地のよい
環境《かんきょう》が当たり前でないと肌で感じると、本当にありがたく思え、
感謝の気持ちが深まるので、登山も続けています。

5. 出来るかどうか考えるより、まずやってみる

事故にあってしばらくは、まったく歩くこともできなかったので、
義足が出来て、少し歩けるだけで嬉《うれ》しい気持ちになるのです。
ちょっと痛みがないだけで、とても幸せな気分だったのです。

リハビリをする内に、当初は無理であったことが出来ると、
その状況に、あまり感謝できなくなっている自分がいます。
それで、あえて自分で何かをしょうとするのです。

マラソンや登山もそうですが、そうすることで、私自身が
いつも初心にもどることができるように感じています。

足場の悪い道でも、どんな所場でも、義足で困らずに行けるように
登山をするたびに苦しみ、そこで新しい課題を発見して、
その対策や対処方法を考えるようにしています。

登山を続けているもう一つの理由は、大の旅行好きだからです。
事故で両足がなくなり入院した当時、
「これまでのように自分は旅行に行けなくなるのかな・・・」
と、そんな思いが頭をよぎることがありました。
私は国内でも国外でも、飛行場でレンタカーを借りて自分で運転して
旅をするのが好きでしたので、自分でどんな車でも運転できなくなる

のは大問題だったのです。
所沢の国立身体障害者リハビリテーションセンターは、
敷地《しきち》がとても広く、敷地内《しきちない》には厚生訓練所《こうせいくんれんじょ》もありました。
さらに、そこには自転車運転訓練所もあったのです。
その訓練所で、練習をさせて欲しいとお願いすると許可されました。

私は普通の車の練習を希望しましたが、両足義足を装着しているので、
「まずは手動式の車を練習しましょう」という事になりました。
足が悪い人は、この手動式《しゅどうしき》の車で練習をすると言うのです。

でも、私はそれには納得できませんでした。
理由はとても簡単な事です。旅行に出かけたときに、
飛行場などに手動式のレンタカーがありますか？
ほとんどはないと思ったのです。それで、
「どうしても普通の車で練習したいです」と係の人に言うと
「あなたは足に感覚がないから駄目」と、言われたのです。

それでも私はあきらめたくなかったのです。
あきらめずお願いし続けると結局、言われたことは、
「まず、テストをしましょう」という事でした。

このテストと言うのは、車にランプが二つついているのです。
「青いランプがついたらアクセルを踏んでください。
赤いランプがついたらブレーキを踏んでください」と言うわけです。
すぐにテストがはじまりました。そしてテストの結果が出ました。

テスト結果は、義足の感覚がないのでブレーキを見ないで、
踏《ふ》む場合にブレーキペダルから義足の靴部《くつぶ》からずれていることがあると言うのです。それでは前を見て車を運転していて、
ブレーキを踏んで止まることはできないと言うのです。
そしてブレーキペダルを踏めた時でも、義足は感覚がないので、
どれだけ踏み込んでいるのか感じないので、駄目《だめ》という事でした。

この説明を受けて、私は疑問を感じたのです。
一般的にテストとは、テストにそなえて勉強した後や、
技術を身に着ける訓練の後に、その結果を判断するために行う。
しかし、私の場合は、「まずテストをしましょう」と言われ、
どんな危険があるかも、何の訓練もしないでテストをして、
「最初から駄目」。これっておかしいのではないか？
と、疑問に思ったのです。

しかし、私は訓練を受ける人間ですので、そこでの決まりがあれば、
それに従う必要があります。
それでまずは、手動式の車で練習をしたわけです。

私は退院後、仕事を続けるつもりですから、手動式の車ではなく、
普通の車を運転できるように、入院している間に練習しておかないと退院後に困ると思っていました。

それで、ブレーキペダルやアクセルペダルを義足で上手く踏む方法を考え、どんな危険があるかも考えるようにしていました。

そして妹が病院へ来たときに、
彼女の車を運転して実地訓練をしたのです。
そのときに問題点や課題が分かると、
意識してその対策を工夫したので、
道路に出ても問題なく運転きるようになっていました。

私はいつも、最初は
「駄目です」「危険です」
と言われたとしても、
「本当に駄目なのかなぁ？」「本当に危険なのかなぁ？」とか、
「駄目な理由は何？」「危険な理由は？」と考えるのです。

●「義足のランナー」より

所沢《ところざわ》の国立障害者《こくりつしょうがいしゃ》リハビリテーションセンター病院（現在）は敷地《しきち》がとても広くて、その中に職業訓練を行う国立職業《こくりつしょくぎょう》リハビリテーションセンターや自動車運転の課程《かてい》もある更生訓練所《こうせいくんれんじょ》がありました。リハビリ室も朝の六時から自由に使ってよく、日曜・祝祭日《しゅくさいじつ》も解放されていました。〝訓練好《くんれんず》き〟の兄には、とてもぴったりの環境《かんきょう》でした。

もともと仕事でも旅行先でも移動《いどう》は車か徒歩《とほ》と決めている兄は、自動車の運転訓練《うんてんくんれん》を受けたいといい出しました。病院側《びょういんがわ》は障害者用《しょうがいしゃよう》の手動式自動車の運転を習いたいのだと思ったようです。しかし兄が訓練《くんれん》したかったのは普通《ふつう》の自動車の運転でした。

兄の主張《しゅちょう》はこうでした。自分は自動車に関連《かんれん》した仕事をしているので、特定《とくてい》の車だけではなくどんな車にも乗れる状態《じょうたい》でいたい。旅行が好《す》きでいろいろな場所に行くが、手動のレンタカーなんてどこにあるのか。沖縄《おきなわ》にはそもそも電車がなく、移動手段《いどうしゅだん》に車は不可欠《ふかけつ》だ――と。

片足《かたあし》だけの切断《せつだん》ならば一方の足でオートマチック車を運転すればいいのでしょうが、兄の場合は両足がなく、病院側《びょういんがわ》としては、それでは無理《むり》だというのでした。私《わたし》は両者の言い分を聞いていて、不慣《ふな》れな手動よりも長く慣《な》れ親しんできた足での運転の方がいいのだろうなと思っていました。その足がないのにもかかわらず……。結局《けっきょく》、医師《いし》は手動でなければ許可《きょか》を出せないといい、兄はまず手動式の運転練習を始めました。

兄は病院敷地内《しきちない》にある自動車練習所と同じようなコースで運転を始め、やがて路上に出て――運転免許《うんてんめんきょ》は持っているので――縦列駐車《じゅうれつちゅうしゃ》や車庫入れもこなし、最後《さいご》は高速道路の走りました。これにかかった時間は二、三週間でした。　（栗田智美）

私の考え方の例として、車の運転練習についてお話しました。
私の私の好きな言葉の一つに皆さんもよく知っておられる、
「為せば成る」という言葉があります。

「為せば成る　為さねば成らぬ何事も
成らぬは人の為さぬなりけり」
この言葉をよく思い出すのです。

「あ・・・そうなんだ。どんなことでもやればできるんだ。」
結局は、「成らぬは人の為さぬなりけり」なのだ、ということです。
「成らぬは」とは「できないのは」ということです。

「人の為さぬなりけり」は、
「人がやらなかったからだ」ということなのです。
これって本当だなって思うのです。

はっきりしている事は、
「やらなければ何もできないって言うことがわかったので、
出来るかどうかということよりも、まずやらなきゃできない」
と私はいつも思っています。
それで、今も出来るかどうか考えるより、
まずやるようにしています。

6. 京都マラソン応援大使

あきらめない習慣を身につけるために挑戦を繰り返していると、
いろいろな方が声をかけてくださり、
あらゆる年齢《ねんれい》の方との交流が深まることもうれしく思っています。

幼いお子さんから、人生経験豊富な高齢の方までいらっしゃいます。
仕事を通しての出逢《であ》いだけでなく、マラソンや登山を通して、
また「依頼《いらい》があったら断らない」と、最初に決めて始めた、
講演活動を通して、日本各地への旅行が増え、それとともに、
活動範囲も広がっていることは、とてもありがたいと思っています。

昨年（2012年）3月11日は、第1回京都マラソンに
「応援大使」として声をかけていただきました。
オープニングトークショーには、お誘いの声をかけてくださった
門川大作《かどかわだいさく》市長も会場へ駆けつけて下さり、喜びの再会となりました。

●京都マラソン2012　オープニングトークショー

京都マラソン2012　島袋勉トークショー
みやこめっせ　3階展示場　イベントステージ
京都での思い出や、今の痛みから逃げず挑戦し続けることから味わえている楽しさを語り、ペア駅伝を共に走る大谷育弘さんも紹介することが出来ました。
門川大作京都市長も会場に駆けつけてくださり感謝しています。どうもありがとうございました。期待を高める楽しい時間を過ごすことが出来ました。

（KYOTO MARATHON 2012）

第1回京都マラソンは、東日本大震災から一年後の3月11日でした。
復興支援の想いの面でも、とても意義深いマラソン大会でした。
そして何よりも、これまで共にチャレンジしてきた大谷育弘先生と
第1回の京都マラソンをペアで走ることができたことが喜びです。

感謝の気持ちを力に、これからも挑戦を続けます。(2012年3月)

門川大作《かどかわだいさく》市長にたいへんお世話になった京都マラソンでした。
これまでも支え応援していただき深く感謝しています。どうもありがとうございます。
門川市長をはじめ「京都掃除に学ぶ会」の皆さんにも応援していただきどうもありがとうございます。
これからも支えていただいている感謝の気持ちをかみしめつつ挑戦を楽しみにます。

忙しい中、応援に駆け付けてくださった方。
沿道で大きな声で応援してくださった方。
自分も苦しいのに、肩をたたき激励してくれた同じゴールへ向かうランナー。
あきらめず挑戦を続け、日々小さな努力を積み重ねていると、大きな感動を経験することが出来ています。
ありがとうございます

(島袋勉　HPより)

●「京都マラソン2013 応援大使」

雨の降る中での応援、どうもありがとうございます。
応援し、支えていただいている皆さんへの感謝の気持ちをこめて、京都マラソンを楽しく走らせていただきました。

（栗田智美　HPより）

ふり返ってみますと2007年第1回東京マラソンにも
声をかけていただき走らせていただきました。
京都マラソンも、東京マラソンも、第1回大会に声をかけていただき、
本当に感謝しています。

それも、エリートランナーのように速く走れるわけでもないのですが、
あきらめないで走り続けている私に、声をかけてくださるのですから、
本当にありがたく思っています。

私がいつも思っていることは、
「自分にはできない」「駄目だ」という言葉を
頭に浮かべないことです。
「自分にはできない」と思うのは身体状態《しんたいじょうたい》ではなく
習慣になるからです。

いつも心がけていることは、
挑戦を続けて自分に自信をつけることです。

そして自分に自信をつけるために、
何が今できるかを考えて、
「これだ！」と決めたら、
まず実行するようにしています。

第 2 章

「勇気」
足がない！
20ヶ月の入院生活

2001年、アメリカへIT事業（インターネットの仕事）を視察したいと思って旅行に出かけました。その帰りのことでした。
ロサンゼルス空港から成田空港に着いて、千葉で一泊をし、次の日に沖縄に帰ろう、そう思っていました。その夜に事故に遭ってしまいました。
泊まっていたホテルのすぐ近くの踏切。そこを渡っている時に転んでしまったんです。転んだ時に頭を強く打ってしまい気絶してしまいました。
そこへ電車がやってきたんです。

1. 切断事故、そして三重苦。
—「運が良かった？」

気がついた時には病院のICUのベッドの上に寝かされていました。
何が起こったかすらわからなかったんです。
その時の私の様子はといえば、
頭は白い包帯《ほうたい》でぐるぐる巻《ま》きにされていました。
そして体中にはたくさんのチューブが繋《つな》がれていたんです。
体には白いシーツがかけられていました。

事故から2日後、目が覚《さ》めた私は、
背中《せなか》が痛《いた》いので寝返《ねがえ》りを打うとうと思ったんです。
ところが上手く寝返りを打つことができません。
おかしい、そう思ってかけられていたシーツをめくった時のことでした。両足が無くなっていたんです。

そして事故の時、頭を強く打ったために脳にも障害《しょうがい》が出ていました。
記憶障害《きおくしょうがい》だったんです。
さらに目にも障害が出ていました。
複視《ふくし》といって物が全て二重《にじゅう》に見えてしまう状況《じょうきょう》だったんです。

それに病院のベッドの上にじっと座《すわ》っていることすらできませんでした。
すぐに眩暈《めまい》を起こし、気分《きぶん》が悪くなってしまうんです。

いつも眼帯《がんたい》で片目《かため》を抑え、ベッドに座っている、そんな状況でした。

いまでもはっきりとおぼえていますが、
その時に足がとても痛かったんです。
大怪我《おおけが》をしているので足が痛いのは当たり前なんですけど、
ただ右足の親指《おやゆび》が締《し》め付けられるように痛いとか、
左足の中指が刺《さ》されるように痛い。

そんな痛みを感じるんです。でも実際には両足はありませんでした。
両足とも膝下《ひざした》と足首《あしくび》の間で切断《せつだん》する処置《しょち》がなされていたのです。
その無いはずの足の痛み。これを幻肢痛《げんしつう》というのですけれども、
この痛みがとても酷《ひど》かったんです。

そして無い足でなく、怪我をした膝《ひざ》から上の足も痛かったんです。
その足がベッドに触《ふ》れると激しく痛んだので、
いつも両足を腹筋《ふっきん》の力を使ってベッドから上に上げていました。
夜になって眠くなり、足が下がってきて、ベッドに着いてしまうと、
痛みですぐに目が覚めてしまうんです。
だから夜も寝ることができませんでした。

そんな時よく看護師《かんごし》さんが回ってきてくれたんです。
夜中《よなか》であっても一時間ごとに回ってきてくれました。
そして私が痛みで夜も眠れないので、お医者さんに相談《そうだん》をして、
痛み止めの筋肉注射《きんにくちゅうしゃ》を手に打ってもらうんです。
この痛み止めの注射はとても良く効《き》きました。

これが効いている間だけは良く眠れたんです。

そんなある日、夜中の12時に看護師さんが私の部屋に回ってきた時のことでした。痛みで寝付《ねつ》けない私に声をかけたんです。

「島袋さん、運《うん》が良かったですね。」そう言ったんです。

目をまるくしました。
これまで健康で普通に歩いていた足が事故に遭《あ》ってしまい、
突然《とつぜん》両足が無くなってしまった。
足だけではなく、記憶障害《きおくしょうがい》を起こし、
目にまで障害が起こってしまったんだ。

どうしてそんな自分が運がいいんだろう。

それがわからなかったんです。
どうして自分だけこんな目に遭うのかな。
そんなことを考えたりしていました。

その時のこの看護師さんがもう一つのことを言ってくれたんです。
それは「義足《ぎそく》を履《は》いたら歩けるようになりますよ。」
そう言ったんです。

信じられない言葉でした。
両足が無くなってしまった私は、これから一生車イスの生活だ。

そう思ってたんです。
両足が無い人が歩くなんて、想像《そうぞう》することすらできませんでした。

それまで私は、義足を履いて歩いている人というのを見たことがなかったんです。だからそんな慰《なぐさ》めにもならない言葉は聞きたくもない、そう思っていました。

2. 健康な体に感謝する

そのころ、いつも思うことがあったんです。
それは「人の足って良くできているな。」そう思ったんです。
普通の人は足がちゃんとあるので、どんな坂道、でこぼこの道、
悪い道でも二本の足でバランスをとって上手く歩くことができる。

「人の足って凄《すご》いんだな。」ってそう思いました。そして、
「足っていうのは歩くためだけでのものではないんだ。」
ということにも気がついたんです。

足には感覚《かんかく》があるので、足で物を踏《ふ》んでみれば
堅《かた》い物か柔《やわ》らかい物かがわかる。
靴《くつ》を脱《ぬ》いで触《ふ》れてみれば形がわかる。暖《あたた》かい冷たいもわかる。
「人の足って凄いんだな。」そう思いました。

そして「人の目って凄いな。」そう思ったんです。
そのときの私は、目に障害があったので、外に出ても勾配《こうばい》とか段差《だんさ》というのを見てわからなかったんです。遠近感《えんきんかん》も掴《つか》めません。

車の助手席に座らせてもらうと、前の車が走っているのか止まっているのかの区別《くべつ》もつかなかったんです。
それで人の目ってよくできているな。そう思いました。

そして何よりも感じたのは、「人の頭ってよくできている。」そう思ったんです。そのころ私は、記憶障害が酷かったので、物を覚えることが中々《なかなか》できなかったんです。

話をしても、話したことさえ覚えることができませんでした。
でも普通の人は話をして、聞いたことや自分の話した内容を覚えることができる。それを思い出したい時に思い出すことができる。
これって凄いことなんだ。そう思いました。

事故に遭う前までは、そんなこと当たり前のことで考えもしませんでした。だから別に感謝もしていませんでした。
ところが事故に遭って初めて気がついたんです。人の体って良くできているんだな、凄いんだなということに気がつきました。

それで「自分の体にもっと感謝《かんしゃ》しないといけない。」
「自分の体をもっと大切にしないといけないんだ。」
ということに気がついたんです。

3.「何も学ばなければ、ただのバカ」、母の一言《ひとこと》

しばらくして病院の電話番号を伝えるために実家《じっか》の方に電話をしました。その時に電話に出たのが母だったんです。

その母が電話で私に聞いてきました。
「痛い？」って聞いてきたんです。
その時は足がとても痛かったんです。
でも母親なのでできるだけ心配をかけないでおこうと、
いつもそう思っていました。
だからできるだけ明るい声で答えることにしたんです。
「そりゃ痛いよ。」ただそれだけ答えました。

すると母は言ったんです。
「こんな痛い思いをして、何も学ばなければただのバカだよ。あはははは」って笑ったんです。その笑い声を聞いて思いました。
母は何が言いたいんだろう？　それがわからなかったんです。
電話を切ってから、考えました。母は何が言いたかったのかな、それがわからなかった私は、自分はどんな言葉を期待《きたい》してたんだろう。
そう考えてみたんです。

病院の中に長いこといると「痛いでしょう」とか、「大変ですね」「大丈夫ですか」、そんな言葉をかけ続けられるんです。

それで無意識《むいしき》のうちに、自分はそんな同情の言葉を
期待していたんだということに気がつきました。
「甘えている自分がいる」ということに気がついたんです。
「ああこれではいけない」、そう思いました。

そして今自分は何をしているんだろう、振り返ってみたんです。
その時は痛みに耐え、一所懸命にリハビリをして、そして上手《うま》く
歩けるようになるんだ。いつもそう思っていました。
でもこれができた時にどうなるのかなって考えてみたんです。

きっと上手くいけば、歩くのが上手《じょうず》になるだろうな。
そう思いました。そして歩くのが上手になった時に、
周《まわ》りの人達は私にどんな言葉をかけてくれるんだろう。
考えてみたんです。きっと歩くのが上手ですねとか、
長ズボン履《は》いたら足が悪いってすぐにはわかりませんね。
そんな言葉をかけてくれるだろう。そう思ったんです。

そしてその時に気が付きました。
今自分が、一所懸命《いっしょけんめい》しているこの努力。この努力は普通の人に
近づくためだけの努力なんだ。ということに気が付いたんです。

これではいけない。そう思いました。
「やはりそこから何かを学ばなければいけないんだ。」
ということに気が付いたんです。

4. 前向きに生きる。
―「原状を受け入れる3つのこと」

そうすると、いろんなことを考えるようになりました。
そしてまず最初に気がついたことは、
現状《げんじょう》を受け入れないといけないということでした。
両足が無くなってしまったとか、身体障害者《しんたいしょうがいしゃ》になってしまった。
そんなことでショックを受けていてはいけないんだ。
そう思ったんです。

でも現状を受け入れる。言葉で言うことは簡単なんです。
それをどうやって自分の言葉や行動で表わしたらいいか
わかりませんでした。
それで「現状を受け入れる。」それを表わす言動って
どんなことがあるのかなって考えてみたんです。

そして、その時に三つのことを考えました。

まず一つ目に考えたことは、「無い物ねだりをしないこと」
ということでした。私の無くなったこの二本の足は、
もう二度と生《は》えてこない、ということはわかっていました。
だから「足があれば」、という言葉を使わないでおこう。
そう思ったんです。

何かできないことがあった時に、「足があればできるよ。」
そんなことを決して言わないでおこう。
もう可能性《かのうせい》もないことなんだから。そう思ったんです。

そして二つ目に考えたことは、「言いわけをしないでおこう」
ということでした。何かできないことがあった時に、
「足が無いからできないんだ」とか、
「記憶障害があるから覚えられないんだ」、
「目が悪いからできないんだ」
そんな言いわけをしないでおこう。
これから決して言いわけをしないぞ。こう決めたんです。

三つ目に考えたことは、
「自分の悪い所を隠《かく》さないでおこう」という
ことでした。障害を隠さないでおこう。そう思ったんです。
足が無いっていうのを隠さないことは、
見てもわかるので比較的簡単《ひかくてきかんたん》なことでした。

「でも記憶障害があるんだ、頭がおかしいんだ。」ということを
人に伝えるということはとても勇気《ゆうき》がいることでした。
でもこれしか前向《まえむ》きに生きていく方法がないと思ったので、
それからいつもそれを心がけるようにしたんです。
そうすると、いろんな事に気がつくようになりました。

5.「悩んでいるのは時間の無駄《むだ》」　— 一生付き合う義足さん

その時に気がついたことの一つが、
悩んでいることなんて時間の無駄なんだということだったんです。
それで今自分にできることを探《さが》し出してそれを行わないといけない。
そう思いました。
それで病院に行って、今自分にできることって
どんなことがあるのかな？　考えていてふと思ったんです。

私はこれから一生この義足を履いて暮らしていかないといけない。
だから将来のために、今自分にできることは
その義足について勉強をすることなんだ。そう思ったんです。
この病院には、義足《ぎそく》の製作室《せいさくしつ》というものがあったので、
そこに行って、毎日義足を作る様子《ようす》を見せてもらうことにしました。

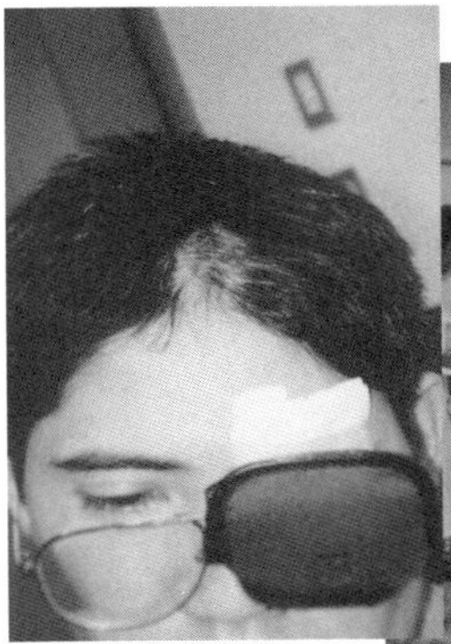
「複視」のため片眼での生活

義足の型どり（義肢装具室で）
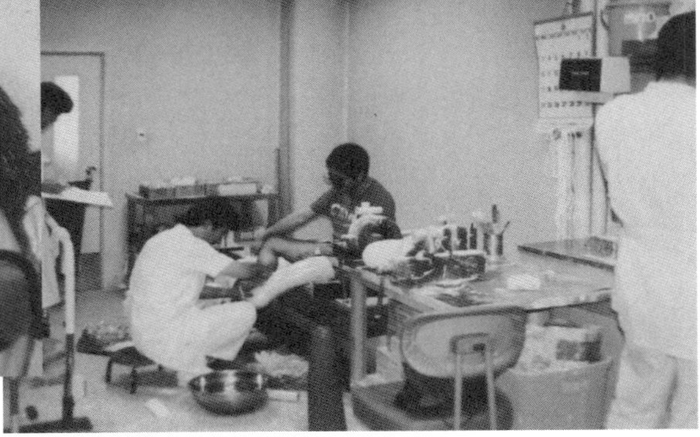

そこで義足を作る人達が使う教科書を、義足を作るための本を、借りて読みはじめたんです。

でも記憶障害がある私はいくら本を読んでも、覚えることができないんです。
でも他に良い方法が思いつかなかったので、毎日毎日、この本を読み続けました。
そんな私に、義足を作る方がとても興味《きょうみ》を持ってくれて私の所へきてくれました。そして一枚の写真を見せてくれました。
その写真には、シドニーのパラリンピックで両足義足の人が
走っている姿が映っていたんです。

そして彼は私に言ったんです。
「島袋さん、時間はかかるかもしれないけれども、訓練《くんれん》をすれば
走れるようになりますよ。」そう言ったんです。
でもその言葉を聞いて私は思いました。
「両足無いんだから走ることなんてないよ。ただ普通の生活が
できるようになればそれでいいんだ」そう思っていました。

でも彼はその写真をプレゼントするよ、そう言ってくれたんです。
それからは、もらった写真をベッドのテーブルの上に置いて、
いつも眺《なが》めていました。2、3日も眺めていると、もしかして自分も走れるんではないかな。そんな気分《きぶん》になってきたんです。

それでさっそく彼の所に行って相談をしました。

「私は走るんだったらマラソンを走りたい。」そう言ったんです。
すると彼はとても困った顔をしました。
訓練をすれば走れるようになりますよって人をあれだけ煽《あお》って
おいて、走りたいって言ったらそんな困《こま》った顔をすること
ないだろう。私は内心、そう思ったんです。
でも彼は言ったんです。
「訓練をすれば100メートル、200メートルと走れるようになりますよ。
でもマラソンは無理なんだ。」そう言ったんです。

でも私はそのころまでには知っていました。
義足を履いた人がマラソンを走ったという記事を、
雑誌《ざっし》や本で読んで知っていたんです。
それで「義足でマラソン走っている人いますよね。」
って聞いてみたんです。すると彼は答えたんです。
「その人達は片足《かたあし》義足《ぎそく》でしょう？　足が半分残っているでしょう？
君には全然《ぜんぜん》ないんだ。だから無理なんだ。」そう言ったんです。

でもその時から私は、どうしてもマラソンを走りたい。
そう思ったんです。そうすると病院でのリハビリというのが急に
つまらなくなりました。病院でのリハビリというのは、
10メートルくらいの距離《きょり》を行ったり来たり歩く練習をするんです。

一回行って帰ってきて20メートル。二回で40メートル。
三回で60メートル。もうそんな距離では満足できませんでした。
私は42キロ走るんだ。そう思い込んでしまったんです。

この病院は朝の6時が起床《きしょう》時間でした。
それで朝の6時になると病院の玄関《げんかん》を出て、病院の周《まわ》りをぐるぐる、ぐるぐる歩く練習を始めたんです。
雨が降《ふ》っている時は、この病院は3階建ての病院だったので、
階段を1階から3階まで昇《のぼ》ったり降《お》りたり歩く練習をしました。

でもそのころの私は階段を昇ったり降りたりすると、
すぐに足に痛みが出たんです。足が痛くなると歩けなくなり、
看護師さんにかついで下まで運ばれ、そして車イスに乗せられて、
よく病室まで連れていかれていました。

長いこと歩く練習をしていると、足に傷《きず》ができてしまうんです。
傷ができると看護師さんはその足に包帯を巻きます。
これがとても嫌でした。

足に包帯を巻かれてしまうと、もう義足を履《は》くことができないんです。義足を履くことができないと、歩く練習ができない。
だからいつも看護師さんに足の傷を見つからないようにしよう。
こればかり考えていました。

看護師さんが「足に傷ありませんか？」と聞いてきた時、
どんなに傷があっても、「傷はありません。」
そう答えることにしていました。
その時少しでも痛そうな顔をすると、すぐに傷がばれてしまうんです。
だからいつも笑顔で「傷ありません。」と答えるようにしていました。

最初のうちはとても上手くいっていたんです。
でもしばらくすると、看護師さん達が、私に
「足の傷ありませんか？」って聞かなくなったんです。
私の顔を見ると、「足を見せなさい。」となります。

そして足を見られてしまうと、もう傷を隠《かく》すことはできません。
すぐに足の傷が見つかってしまい、そこに包帯《ほうたい》が巻かれました。
するととても憂鬱《ゆううつ》な気分になっていったんです。
そのころの私は、足に傷ができることは、怖《こわ》いことではありませんでした。歩けなくなることが怖かったんです。
それで足に包帯が巻かれ、歩く練習ができない時に考えたんです。
「義足を履けない時にできないことはないかな。」

その時に思いついたのが、
「そうだ義足を分解《ぶんかい》してみよう。」そう思ったんです。
義足を履いている時には義足の分解なんてできないぞ。
そう思いました。それで病院のベッドのテーブルの上に、
いつもこの義足を並べて置いておくことにしたんです。

そして中を分解して、中の仕組《しく》みをしっかり覚え込むことにしました。何度も分解《ぶんかい》と組み立てを繰り返し、中の仕組みをしっかり覚えたら、次は調整《ちょうせい》の仕方《しかた》を練習したい、そう思ったんです。

調整の仕方を練習しながら、いつも自分が歩けるようになった時の姿《すがた》を想像するようにしました。

平坦《へいたん》な道を歩く時にはこんな風に調整をしよう、坂道を歩く時には
こんな風に調整をするんだ、いつも考えていました。

自分が歩けるようになった時の姿を想像するようになると、
とても楽しくなり始めたんです。
楽しくはなったといっても、義足を履けない時の私の足というのは、
こんな状態なんです（膝下から足がない）。

それで義足を履《は》けない時というのは、
歩くことができないので車イスの生活になってしまうんです。
病院の中は車イスでも自由に動き回るのはとても無理でした。
でも病院の外に行くと、車イスの生活では不便《ふべん》なこと多いな。
ということに気がついたんです。
だからこれでは退院した後に困るぞ、そう思いました。

6.「全ては歩くために」前向きに生きる

そのための対策《たいさく》を今のうちに立てておかないといけない、
そう思ったんです。
それで車イスの生活で困ることってどんなことがあるのかな。
そんなことを考えている時のことでした。

病院に車イスで通院《つういん》をしている方がおられたんです。

それでその人に聞いてみることにしました。
「車イスの生活で不便なことってどんなことですか」、
聞いてみたんです。すると彼は答えてくれました。
「車イスの生活で一番大変なのはね、トイレなんだ。」
そう言ったんです。「トイレが車イス用になっていないと、
トイレにさえ行けないんだ。」そう言っていました。

そして、「車イスでは階段が昇ったり降りたりできないんだ」
そう言っていました。ああこれはとても不便だな。
そのための対策を今のうちに立てておかないといけない、
そう思ったんです。

そんなことを考え始めた時のことでした。ふと思ったんです。
そういえば普通の人って膝立《ひざだ》ちって膝で立って歩いているよな。
自分にも両膝は残されているので、それならできるのではないか、
そう思ってベッドの上でやってみました。

ところがつま先が無いので、膝だけで立ってバランスをとる
ということがとても難しかったんです。
上手く立つこともできなければ歩くこともできませんでした。
「できなければ練習するしかない」
ということでベッドの上で一所懸命練習したんです。

そして練習をすると上手《うま》く歩けるようになったんです。
でもベッドの上だけ歩いていても仕方がないから、

今度は廊下を降りてみよう。そう思って床に降りてみました。
するとやはりつま先が無いので、全ての体重が膝にかかり、
膝が痛くて立つことすらできなかったんです。
何か良い方法はないかな。

考えていた時にふと頭に浮かんだ光景《こうけい》がありました。
それはバレーボールの試合だったんです。そういえばバレーボールの試合の時に選手は膝に大きなサポーターを付けていたよな。
ということを思い出したんです。
あのサポーターを付ければ膝が痛くないかもしれない。そう思って、その時に探してきてもらったのが、今使っているサポーターでした。
このサポーターを両膝に付けて歩こう。そう思ったんです。

ところがそれを付けて床に降りてみると、膝が痛くて立つことすらできませんでした。それで中に入っているスポンジを厚《あつ》くして、衝撃吸収性《しょうげききゅうしゅうせい》のあるものに交換《こうかん》しながら、改造《かいぞう》を始めたんです。
改造したサポーターを両膝に付けて歩いてみました。
するととっても痛いんです。

痛いんだけれども我慢《がまん》をすれば歩くことができたんです。
それで病院の中を一所懸命歩く練習をしていました。
すると看護師さんがやって来たんです。そして言うんです。
「そんなことをしてはいけません、そんなことをしたら膝を痛めてしまいますよ。膝を痛めたら、もう二度と歩けなくなりますよ。」
そう言うんです。

それでまた考えました。

どうして普通の人は歩く時に足が痛くないのに、自分だけこんなに痛いんだろう。そう考えてみたんです。
最初は思ったんです。普通の人には両足がちゃんとあるから痛くないんだ。でもよく考えて気がつきました。
足のある人だって、裸足《はだし》で砂利《じゃり》の上を歩いたら足は痛いよな。
ということに気がついたんです。
痛みを無くすにはどうしたらいいのかな。
考えるうちに気がつきました。靴《くつ》を履《は》けば足は痛くないんだ。
ということに気がついたんです。

それで自分も靴を履いてみたい。
そう思って、その時に探してきてもらったのが大きな靴でした。

義足を外して靴を履いて実演

この靴を改造《かいぞう》しながら、自分で履ける方法を考え始めたんです。
その時に考えたのが、この靴を普通の人と反対向きに膝に履くという方法でした。
こうやって履こうって考えたんです。

そして実際にこの靴を履いて歩いてみました。
するとあまり痛みを感じることなく歩くことができることがわかったんです。とても嬉しかったんです。

それでこの靴を履いて病院の中を一所懸命歩く練習をしました。
そして病院の中が上手く歩けるようになると、
今度は道を歩いてみたい。そう思ったんです。
それで病院の玄関を抜け出して、外を歩く練習をしていました。
すると家族《かぞく》がやって来て言うんです。
「病院の中はいいけど、外は歩かないで。」そう言います。

私がどうしてって聞くと、「危《あぶ》ないから」、そう言うんです。
何が危ないのって言うと、車の運転手から見えないって。
「でもこの身長って幼稚園生《ようちえんせい》とか保育園生《ほいくえんせい》くらいの身長《しんちょう》あるでしょ、子供に道歩《みちある》くなとは言わないよね」って言うと、
「そんな問題じゃないでしょ、車の運転手が見たらビックリする。」
そう言うんです。

確かに車の運転手は、この姿を見たらビックリするのかもしれない。
でもそんなことまで考えている余裕はありませんでした。

それでこの靴を履いて、一所懸命歩く練習をしたんです。

そして上手く歩けるようになると、この靴を履いて車イスに
乗って、トイレの前まで来たらそこで降りて、歩いてトイレの中へ
入って用を足すことができるようになりました。
これでもう車イス用のトイレでなくても大丈夫《だいじょうぶ》。
という所までたどり着くことができました。

この病院は3階建ての病院だったので、車イスに乗って階段の
下まで来たら、そこで降りて、階段を膝《ひざ》で一段昇《いちだんのぼ》る。
そして手で車イスを一段上げる。また一段昇って車イスを手で、
一段上げる。という方法で二階でも三階へでも、自分一人の力で、
車イスを持って、昇ったり降りたりすることができるように
なったんです。
これでもうどこにも行けない所はない。とっても嬉《うれ》しかったんです。

でもよく考えてみると問題は解決していないのでした。
それは靴を履いて、傷が治ったら、また義足を履いて練習をする。
義足を履いて歩く練習をしたら、足は傷になってしまう。
だからいつまで経っても同じことの繰《く》り返《かえ》しではないかな。
そう思ったんです。

それで、すぐに先生の所へ行って相談をしました。
すると先生は言ったんです。

「もうこの病院でできることはそこまでなんだ。だから専門《せんもん》の病院へ行って見てきてもらいなさい。」
そう言ったんです。

こうして、三番目に入院したのが埼玉県所沢にある、
「国立身体障害者《こくりつしんたいしょうがいしゃ》リハビリテーションセンター病院」という所でした。
ここで診察を受けた時に言われたことがありました。
それは､「よく今までこの足で歩けましたね。」そう言われたんです。

「今までの手術《しゅじゅつ》は、命を救うための手術であって、義足を履くための手術がされていない。それで骨に角《つの》が出ているんです。」
「手で触《ふ》れるだけでも痛いし、まして義足を履いて歩いたら傷《きず》になるのは当たり前ですよ。」そう言われたんです。

義足を履いて歩くためには、
もう一度手術をしなおさないといけない、ということでした。
それで転院してもう一度手術を受けることにしたんです。
手術を受けるために、病院を転院《てんいん》して、次の日のことでした。
主治医《しゅじい》の先生が部屋《へや》に来られたんです。
そして「手術の方法について相談をしましょう。」そう言われました。

その時に言われたのが、手術の場所なんですけれども、
大腿切断《だいたいせつだん》がいいですね。そう言われたんです。
とてもビックリしました。
大腿、ももの方から手術をしてしまうと膝が無くなってしまうんです。

だからビックリして先生に聞いてみました。
「どうしても膝を切り取らないといけないんですか？」
と聞いてみました。すると先生は言ったんです。
「この場合、膝を残してしまうとどうしても痛みが酷《ひど》いんですよ。
それで長い時間義足を履いている生活は難しいと思う。」
ということでした。

ももの方から手術をしてしまうと、痛みが少ない。そう言うんです。
今は良い人工関節《じんこうかんせつ》があるので、その方が却《かえ》って活動範囲《かつどうはんい》が
広がると思います。そう言われました。

とてもショックでした。

それで一晩《ひとばん》考えさせて欲しいということで、
その夜考えることにしたんです。
もし膝がなくなってしまったらどうなるのかなって考えてみました。
「もうこんな靴を履いて膝で歩くことはできないな。」
そう思いました。
そして無くなってしまった膝は、もう二度と元には戻らないんだ。
そう思ったんです。その次に膝を残してもらったらどうなるのかな、
って考えてみました。

先生の説明によると、痛みが酷いということでした。
それで痛みが酷くて我慢《がまん》ができない時、どうすればいいのかな。
考えてみたんです。そしてその時に気がつきました。

もし痛くて我慢ができなければ、その時にもう一度手術をして
もらえばいいんだ、ということに気がついたんです。

一度切り取ってしまった膝はもう二度と元には戻らない。
でも膝を手術をすることは何度だってできるんだ。
膝を切り取ることはいつだってできるんだ。そう思ったんです。

それでさっそく先生の所へ行って相談をしました。
「どうしても膝を残してもらいたいんです」。
するとこの先生は言ったんです。
「そうすると痛みが酷いと思いますよ。それでもいいんですか？」
もちろんそれでもいいと思っていたので、
その方法で手術をしてもらうことになりました。

手術が終わると、今度はリハビリが始まりました。
この病院では、スポーツを通してリハビリをする、
というスポーツリハビリというものをやっていたので、
希望《きぼう》してそれを受けさせてもらうことにしました。
指導してくれたのは女性の先生でした。
きびしさの中にも明らかに愛情《あいじょう》が感じられ、ひとつひとつの言葉に
説得力《せっとくりょく》のある方でした。

まず最初《さいしょ》はバドミントンでした。
まだ義足が出来上がっていなかったので、
膝で立ってバドミントンをしよう。そう言われたんです。

その目的は膝で立ってバランスを取る訓練《くんれん》、そう言われました。

それを聞いた時に、私は、これはとても得意《とくい》だぞ、
そう思ったんです。それは靴を履いて歩いていたために、
膝で立ってバランスを取る訓練をたくさんしていたからです。

ところが実際に始めてみると全然《ぜんぜん》できませんでした。
飛《と》んでくる羽《はね》をよく見てシャトルを振っても、空振《からぶ》りばかり。
20回に1回ぐらいしか当たりません。
その理由というのは、私の目に障害《しょうがい》（複視）があったからです。
それでバドミントンの練習はとっても嫌《いや》になってきました。

それですぐに先生に相談をしたんです。
「私はこれまでバドミントンというのをほとんどやったことがないです。これから将来《しょうらい》もやることはないと思います。」
「だからバドミントンの練習を辞《や》めて、もっと役に立つような筋力トレーニングをしたいのです。」そう言ってみたんです。

7. “非”常識への挑戦

するとこの先生は聞いてきたんです。
「バドミントンできないんでしょう？」「はい」と私が答えると、
「できないから練習するんですよ。」そう言ったんです。

それからまた練習が始まりました。飛んでくる羽をよく見て
シャトルを振っても、空振りばかりするので、わき見をしながら
シャトルを振った時のことでした。当たったんです。

その時にこの先生が聞いてきました。「どこに当たった？」
「シャトルの右端《みぎはし》」と答えると、この先生は言ったんです。
「もっと右に出さなきゃ駄目《だめ》だよ。」その時初めて気がつきました。
私の目は狂《くる》っている。わかっているのに、見えた所にシャトルを
出していたのが問題だったということに気がついたんです。

だから、私の眼は場所によってずいぶん方向《ほうこう》が違います。
大きさも違うんです。ただこれに気付きさえすれば弱点《じゃくてん》が少し無く
なりました。それをしっかり覚《おぼ》え込《こ》むことにしたんです。
そして目に見えた所ではなく、
頭で修正を加えた位置にシャトルを出すようにしたんです。
そうするとどんどん打てるようになってきました。
最初、20回に1回しか打てなかったのが、10回に1回、5回に1回、
3回に1回、2回に1回。練習をしているうちに7割、8割9割と
成功率《せいこうりつ》はあがり、ほとんど打てるようになりました。

この時にとても大切なことを学びました。
それはできないからってすぐに諦《あきら》めることはないんだ。工夫《くふう》すれば
できるようになるんだ、ということを学んだんです。

それからしばらくすると、義足が出来上がってきました。義足が出

来上がってくると、今度は歩く練習が始まったんです。
私が歩いていると、この先生が言ったんです。「恰好悪い《かっこうわる》い。」

それを聞いた時に私は思いました。
「両足の無い人に対して歩くのが恰好悪い、そんなこと言うことないだろう。別に格好良く歩く必要なんてないんだ。ただ普通の生活ができるようになればそれでいいんだ。」

でもこの時、先生は言ったんです。
「アメリカではね、義足の最終訓練《さいしゅうくんれん》。女性の場合《ばあい》はハイヒールを履いて歩く練習をするのよ。」
そして一本のビデオを見せてくれました。
そのビデオにはアメリカの両足義足のファッションモデルが映《うつ》っていたんです。そのビデオの中で、
その女性はとてもきれいに歩いていました。

そしてこの先生は私に言ったんです。
「歩く練習をする時には鏡《かがみ》を見ながら歩く練習をしなさい。」
その日から私はリハビリの時は、いつも目の前に鏡を置いて、
自分を見ながら歩く練習をするようにしました。
外を歩く時には窓ガラスの多い所を選んで、窓ガラスに映った
自分の姿を見ながら歩く練習をしたんです。

すると、短期間《たんきかん》で歩く姿がとってもきれいになってきました。
「これで長《なが》ズボンを履いたら足が悪いってすぐにはわからないぞ」

そう思ったものです。

私が歩いていると、またこの先生が言います。
「歩く速度《そくど》が遅《おそ》い。」
その時も思いました。両足無い人に歩く速度が遅い。
そんなこと言うことないだろう。別に速く歩く必要なんてないんだ。
ただ会社に戻って仕事ができるようになればそれでいいんだ。
そう思っていました。

でもこの先生は言ったんです。
「この速度では駅で人の流《なが》れについていくことができない、だから危《あぶ》ない。」そう言ったんです。そして私が歩くたびに、いつも、
「もっと速くもっと速く。」そう言うんです。
そんなことを意識しながら歩く練習をしていると、
歩く速度がとても速くなってきました。
そして歩くことにかなり自信がついたころでした。
先生が、「次はサッカーの練習をしよう。」そう言ったんです。
だからビックリしました。足でする代表的なスポーツ、サッカー。
そんなことが本当にできるのかな。そう思ったんです。

やってみると、とても難しかったんです。
まず転《ころ》がって来たボールを止めるためには、片足を上げて、片足でバランスを取らないといけない。これが難《むずか》しかったんです。
そして転がって来たボールを強く止めようと思うと、
足に感覚《かんかく》が無いので、すぐにボールが逃げて行ってしまいます。

転がって来たボールを強く止めようと思うと、反対側の足が、
置いてくる感覚がわからないので、すぐに転んでしまう。
本当にこんなことができるのかな。そう思いました。

でもその時に思い出したことがあったんです。
それはバドミントンの練習でした。あの時は工夫《くふう》すれば
できるようになったな。ということを思い出したのです。
今は何を工夫すればいいのかな。考えてみました。
その時の私の問題は、足に感覚が無いことでした。
よし転がって来るボールをよく見て、足を出す角度《かくど》を調整《ちょうせい》しよう。
足を振る位置からを調整するんだ。そう思ったんです。

そんなことを考えながら、練習をしていると、上手くボールを
止めたり蹴《け》ったりすることができるようになったんです。
こんな風にして、リハビリ生活をしていました。

8. 自分が最も不幸ではない

私にはもう一つ大きな問題がありました。
それは義足を履くと、足がとても痛いんです。
でもこれは当然のことでした。手術の前に言われたんです。
「膝を残してしまうと痛みが酷《ひど》いですよ。」
覚悟《かくご》していたとはいえ、痛みが酷くなると、痛みを無くすにはどう

したらいいんだろう、痛み止めの薬を飲み、痛み止めの座薬《ざやく》を使い、
足を氷で冷やして、痛みを無くす方法ばかり考えていました。

痛みが無ければもっとたくさんリハビリできるのにな、とか、
痛みが無ければちゃんとメモがとれるのにな、
そんなことを考えながら、憂鬱《ゆううつ》な気分になっていたんです。

そんな時のことでした。
同じ部屋《へや》に脊髄《せきずい》を損傷《そんしょう》している方がおられたんです。
脊髄を損傷してしまうと、腰から下が動かなくなってしまいます。
感覚が無くなってしまうんです。彼が車イスに乗って、外出から
帰って来た時のことでした。膝から血が出ていたんです。

ビックリして、膝《ひざ》から血が出ているよと言うと、
彼は気付かなかった、そう言ったんです。
こんなに血が出ても気付かないのかな、そう思いました。
痛みが無いからわからないんだ、彼はそう言ったんです。

その時に彼が話してくれました。
前に車イスに乗って外出をした時にね、壁《かべ》に足を擦《す》ってしまった。
足の爪《つめ》が禿《は》げてしまった。自分では気付かなかったけど、周《まわ》りの
人は見てビックリしていたんだ。そんな話をしてくれたんです。

その時に彼が冗談《じょうだん》で言っていました。
「外出して帰って来た時に、足の指が無くなっていたら怖《こわ》いよね。」

そんなことってあるのかな、そう思いました。
足の指が無くなって自分で気付かないということがあるんだろうか、そう思ったんです。

でもよく考えて気が付きました。
「もし痛みが無ければそんなことが本当に起こるのかもしれない」
そう思ったんです。そしてこの時に、
「この痛みというのが、私達の体を守っているとても大切なものなんだ」、ということに気が付きました。

その時から、痛みにとても感謝《かんしゃ》できるようになったんです。
もうどんなに痛みが出ても、もうどんなに痛くても、もうどんなに痛みがつらくても、不満《ふまん》を持つことが無くなりました。
痛みを無くすのではなく、痛みと仲良《なかよ》くしていこう。
そう思えるようになったんです。

そして、この病院には他にもいろんな人がいました。
特に私が興味《きょうみ》を持ったのは、頸椎《けいつい》の損傷《そんしょう》の方でした。
頸椎を損傷してしまうと、首から下が動かなくなってしまうんです。

彼は毎朝看護師さんに電動車《でんどうくるま》イスに乗せてもらっていました。
載《の》せてもらうと手すりに手を固定《こてい》してもらうんです。
手がずり落ちてしまうと、もう自分の力で元に戻すことができない。そんな人でした。胸もバッドで固定してもらいます。
体が前に倒れてしまうと、もう体を起こすことができないんです。

そして顔の両側にバックミラーを付け、
ジョイスティックを使って車イスを操作《そうさ》するんです。
そんな彼が毎朝《まいあさ》どこかへ出かけて行くんです。
どこに出かけて行くんだろう？　不思議に思った私は、ある日後を追いかけてみました。すると彼はリハビリ室の中へ入って行きました。
だからビックリしました。
首から上しか動かない人が何をリハビリするんだろう。
それが不思議《ふしぎ》だったんです。

彼はパソコンの前に立ったんです。
そして口に棒《ぼう》を咥《くわ》えると、キーボードを打ち始めました。
ワープロの練習だったんです。そしてしばらくすると、
口にボールペンを咥えて字を書き始めました。
私はそれまで、両手が使えないとパソコンは打てない、
文字を書けない、そう思い込んでいたんです。
ところが彼は口を使って、パソコンを打ったり、
文字を書いたりしていたんです。

それを見て気がつきました。
人は体の状態《じょうたい》が悪くて、自分のやりたいことができなくなることはないんだ。ということに気がついたんです。
「ああもうできないや。」こう諦《あきら》めた時に、
人は物事《ものごと》ができなくなるんだ、ということに気が付きました。

そしてもう一つ不思議なことがあったんです。

それは、この人の表情《ひょうじょう》がとっても明るかったんです。
どうしてこんなに重度《じゅうど》の障害《しょうがい》を負《お》っているのに、
こんなに明るい表情ができるんだろう、それが不思議でした。

それから病院の中を見回してみたんです。
病院の中には暗《くら》い顔をした人、明《あか》るい表情をした人がいました。
よく観察《かんさつ》してみると、暗い顔をしている人には共通点《きょうつうてん》がある、
ということに気が付いたんです。

その共通点とは、将来《しょうらい》についての話題《わだい》でした。
その人達はいつも将来の不安《ふあん》ばかりを話すんです。
退院《たいいん》した後に元の職場《しょくば》に戻れるかな、退院した後に何ができるだろうか。そんな将来の不安ばかりを話題《わだい》にしていました。
そしてふだんの生活もそうでした。
足が痛いから歩く練習ができないんだとか、手が痛いから作業の訓練が上手《うま》くならないんだ。いつも言いわけばかりをしていたんです。

ところが明るい表情をしている人達、その人達の会話は、
いつも将来の夢を話しているんです。
退院した後にまた孫と一緒に料理《りょうり》を作るんだとか、
退院した後に「盆栽《ぼんさい》を始めるんだ」。そんな話をよくしていました。

いつもの生活もそうでした。昨日より2メートル多く歩けるようになったんだとか、食事の時に出てくるパンのビニールが昨日より上手く開けられるようになったんだ。

そんなことを本心から喜んでいたんです。
私から見たら、ほとんど変わらないような小さな変化でした。
でもその小さな進歩《しんぽ》を喜んでいる人だったんです。

それを見て気が付きました。
人は体の状態が悪くて暗くなるということはないんだ、
ということに気が付いたんです。
将来に失望《しつぼう》して夢や希望を無くした時に、人は暗くなり、
そして不幸《ふこう》になっていくんだ。ということに気が付きました。
どんな状態であっても夢や希望があれが明るく生きていけるんだ。
そう思ったんです。

自分も夢を無くさずに生きていこう。そんなことを考えました。

9. 97%の力が眠っている

その時に読んだ本に、とても面白《おもしろ》いことが書いてありました。
「普通の人は脳を3%しか使っていない」
ということが書かれていたんです。
残り97%は使われていないということでした。

これを見てとても嬉《うれ》しくなったんです。
この高次脳機能障害《こうじのうきのうしょうがい》というのは、事故などの外的《がいてき》な衝撃《しょうげき》によって、

脳の機能の一部が破壊《はかい》されています。
でも3％の一部が破壊されたからといって、そんなにショックを受けることはないんだ。そう思ったんです。

使われていない部分が後97％残っている。
そこにはまだ使える部分があるはずだ。そう思ったんです。

それからは、使われていない脳の使い方の研究が始まっていきました。そんな時にふと思ったんです。
赤ちゃんというのはまだよく脳を使っていない。
そこからいろんな体験を通して脳が発達していくんだ。
ということに気がついたんです。
自分の能力《のうりょく》も、記憶力《きおくりょく》も、まだ赤ちゃんぐらいのもんなんだ。
それなら赤ちゃんの真似をしてみよう、そう思ったんです。
脳を発達させるには五感《ごかん》を使うしかないということはわかっていました。赤ちゃんの五感の使い方の研究を始めていきました。

まず、赤ちゃんはどんなものでも触《さわ》ってみます。
汚《きたな》いものであっても、危《あぶ》ないものであっても触ってみるんです。
そして掴《つか》んだものを何でも口に入れてみます。
まずこれから真似《まね》してみることにしました。身の周りにあるものをどんなものでも手で触れてみることにしたんです。
汚いものであっても、気持ちの悪いものであっても触ってみることにしました。

次に何でも舐《な》めてみることにしたんです。
木の葉だろうが土だろうが畳《たたみ》だろうが舐めてみることにしました。
そしていろんな音や音楽を聞き始めたんです、いろんな匂《にお》いを
嗅《か》いでみることもしました。花や香水《こうすい》や料理のように良い匂い
だけではなく、臭いもの、腐《くさ》ったもの、どんなものでも匂いを
嗅いでみることにしたんです。

それから、赤ちゃんの動きで一番特長的だと思ったのがハイハイ
でした。そのハイハイも二ヶ月間真似《まね》をしてみたんです。

そんなある日不思議なことに気がつきました。
それは会社で一番記憶力《きおくりょく》の悪いはずの私が、会社で一番仕事の
やり忘れが少ない、ということに気がついたんです。
それは全てメモをしているからでした。
この時にとても大切なことに気がついたんです。
それはどんなに能力が劣っていても、それを補《おぎな》う方法を考えて、
コツコツと緻密《ちみつ》に行っていれば、能力のある人と同じことができる
んだ、ということに気がついたんです。

こんな私が毎日仕事をしていると会社の業績《ぎょうせき》も回復《かいふく》し始めました。
そして、私の記憶力も良くなり始めたんです。

私にとって、一番苦手《にがて》なことは、長いこと歩くことです。
そして走ることでした。この一番苦手なことができれば他のことは
どんなことだってできるんではないか。

そう思って始めたのがマラソンだったんです。

10. 自分のやりたことを今すぐにやろう、きっと楽しい！

マラソンや登山を通してとても大切なことを学びました。

それは、「自分の夢、やりたいことや目標をしっかり持つということが、とても大切なことなんだ」ということに、
改《あらた》めて気がついたことです。

リハビリテーションセンターにて

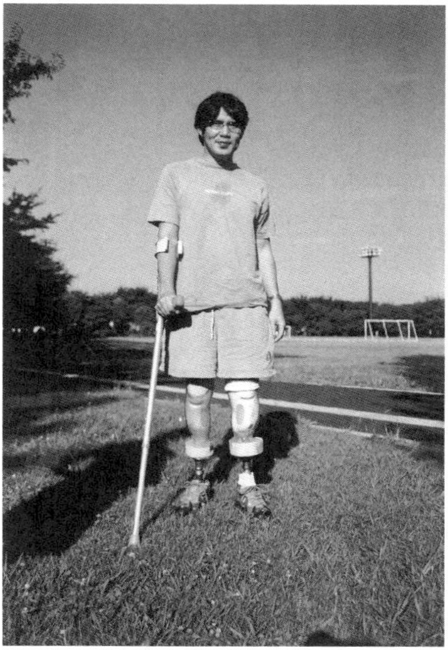

そして周りの人達から、
できないよとか、無理だと言われても、諦《あきら》めずに続けていれば、どんなことだってできるようになるんだ。
そう思えるようになりました。

そしてもう一つ大切だと思ったことは、苦しいことや大変なことに出会った時に、
決して言いわけをしないということでした。
どんな逆境《ぎゃっきょう》や苦境《くきょう》の中にあっ

ても、できない言いわけを考えるのではなく、
できる方法を考えて、一つ一つ小さな努力を積み重ねていけば、
どんなことだってできるようになるんだ、
そう思えるようになったんです。

私は事故に遭《あ》うまで、自分は70歳や80歳ぐらいになるまで、
普通に生きてるんだ。そう思い込んでいました。
ところが事故に遭って、このことに初めて気が付きました。
「人にはいつどんなことが起こるかわからないんだ。」

それで自分のやりたいことを今すぐにやろう。
やらないといけないことを先延《さきの》ばしにしないでおこう。
そう思えるようになったんです。

いつどんなことがあって後悔《こうかい》しない生き方をしたい。
そう思えるようになって、却《かえ》って、
出来ることが増えたように気がします。

そして、最初に病院で看護師さんが言ってくれた言葉が、
とても良く理解できるようになったんです。

「島袋さん。運が良かったですね。」

本当にあれだけの大事故の中で命が助かって運が良かったんだな。
そして自分は運が良い人間なんだな。そう思うようになりました。

第3章
「夢」
母と妹、そして少年時代から会社起業まで

私の講演を聴かれた方から、こんな質問やお話があります。

「現在の島袋さんの考え方や生き方は、ものすごくお母さんの影響があると思います。何かよく言われたことがありますか」

「島袋さん兄妹は、子どものころ、お母さんからどんなことを教わりましたか」

皆さんのそんな質問にお答えしたいと思います。

1. 母はほんとうに 本が大好きな人間です。

母は、私と妹が寝《ね》る前に毎晩《まいばん》、本を読んで聞かせてくれました。
聖書《せいしょ》、グリム童話《どうわ》、そしてイソップ物語《ものがたり》。

妹は話を聞き終えると、物語のその後を夢見て楽しんでいたようです。でも私は、物語のなかに疑問《ぎもん》があると、
「どうしてあの時こうしないの？」と言って、
母を質問《しつもん》ぜめにしたものです。
どうしても「その理由《りゆう》が知りたい」子どもだったようです。

こんな時には、「どうしてかしらね～よく考えてみて」と、
母はいつも言っていました。
母が書いた私の育児《いくじ》日記を読むと2歳の頃から
「これは何？」「これはどうして？」「どうなっているの？」
の連続《れんぞく》です。

私が3歳のころのようすを母が日記に残しています。

「母が書いている兄（島袋勉）の自由日記を読むと、母には子どものためにどれほどの辛抱強さが求められ、時間がかかったことか・・・。あきらめず辛抱強く待ってくれたのでしょう。

兄が2歳9カ月に書かれている母の日記が話題《わだい》となりました。」（栗田智美）

●どれほど辛抱強さが求められ，時間がかかったことか…

（1966年1月17日　2歳9カ月の時の母の日記より）

*********1966年1月17日**********
…パパは飛行機で八重山《やえやま》へ行ったので勉君は「ひこうきは高い所からとぶの?　パパはおりれるの?」などときく。

おもちゃの車でブーブーいいながら「ここは八重山よ」などという。

「どんぶらこどんぶらこと大きなももが流れてきておじいさんときって食べようとすると大きな赤ちゃんが出てきてもも太郎になりました。」と、きらずに続けてしまうけれども前より話らしくなってきた。

鼻《はな》は何をするの?　ママの質問に「うんこをとるもの」
お目々は?「開《あ》けたりしめたりするもの」
（前はねんねんこするものといっていた）
お口は?「おかし食べるもの」
耳は?「うんこをとるもの」
お顔は?「ふくもの」

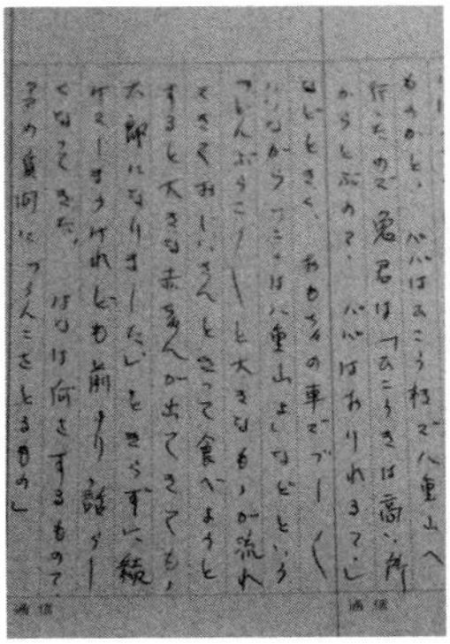

あんよは？「あるくもの」
（前はおくつをはくものといっていた）
お手々は？「おかしをお口のところにもっていって食べるもの」
（前は洗うものと言っていた）
ポンポンは？「おかしを食べて入れるもの」
頭は？「洗うもの」おもしろい表現《ひょうげん》だと思う。

今日はこんな質問をしてみた。
「パパは何をするの?」「会社でお仕事をする」
「ママは?」「いそがしい　いそがしいとお仕事をする」
「お兄ちゃんは?」「おもちゃでブーブーする」
稔君は「マンナを食べてお水を飲む」
勉の目には心にはそれが最も深く映っているのである。
「ママ好き?」「うん　パパも好き」
「今日は頭がいたいの勉君」「ママやすんでおきなさいね」

幼少時代の著者（勉）

じんと胸があつくなる。ママのしつけもいくらか勉君にあらわれてきた。
この子は頭も決して悪くないという自信がもてた。

おかしが一つある。「ママと半分こね」「ん～～」とかぶりをふる。
（いつもは分けるのがとても上手なんだけどたまにそんな事がある。）
じゃ勉君の全然上げないで全部ママが食べるよというと「いいよ」という。
そういっしまうとて半分でも少しも取らずに全然《ぜんぜん》食べないでいる。けじめがついているとうれしく思う。

おかたずけでも、「だれがしたの?」「ぼくが」「じゃだれがするの?」「ぼくが」
そこまでいってしまうと必ずかたずける。
そこまでいわせるのが大変であるが，時々「ママ泣きたいよ」というかと思えば、ころんで大声で泣いていると「泣くとなおる?」というと「なおらない」「それじゃやめなさい」というとぴたりやめる。

ききわけがある。それを教えるまで（まだ完全ではないが・・・）ずい分気をつかった。

どんなに急いだ時でも気をおちつけていちいち説《せっ》とくしたり時間をかけた。…

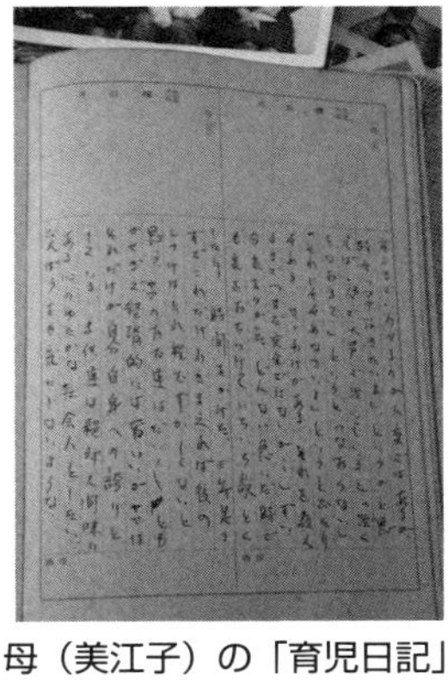
母（美江子）の「育児日記」

小学生になっても母に質問ばかりしていました。
学校の勉強でわからないことがあったりすると、
家に帰えると私は母をさがし、すぐに質問します。
すると母は、わからない所があった場合でも、教科書《きょうかしょ》を見ることはしませんでした。

そして、「何がわからないの？」と私に質問して、
それからゆっくり「教科書をよく読んでごらん。」
「もう一度よく読んでごらん。」「ゆっくり読んでごらん。」
そう母に言われた私は、
そのわからなかったところを何回か読み直します。
するとそのうちに、いつのまにかわかる、
そういうやりとりがよくありました。

中でもよく母が言っていたことは、
「よく考えればわかるの。」「工夫《くふう》すれば出来るの。」
私たちに、それを口癖《くちぐせ》のように言っていました

母は子供の服をよく自分で作っていました。ただし、簡単《かんたん》な服は作らないのです。デパートのショーウインドーで気に入った服をみると、それをまねたような服を自分で一生懸命《いっしょうけんめい》作ってしまいます。
ほんとうは、手先は器用じゃないんですけど、その分、
人の何倍《なんばい》も工夫《くふう》したり努力します。

そういう時によく母から言われたことは、「簡単なものとか、すぐ出来そうなものではなくて、出来上がった時に一番良い物だと納得《なっとく》できるまで挑戦《ちょうせん》をすること」ということでした。

服を作る時でも、自分の裁縫技術《さいほうぎじゅつ》がどうか考えるのではなくて、

出来た時に一番良い状態、
一番良くなると思えることを努力してやってみる。
そういう母の姿《すがた》を、
子どもの私たちは身近で見ていたような気がします。
「ああ、あのときの体験が、今の自分は非常に影響《えいきょう》を受けているな」ということをほんとうに感じることがあります。
私自身の行動の中でよく気がつくことです。

2. 今でも心に残っていること

私は、1963年沖縄の那覇市で生まれました。
小さな時から、とても好奇心《こうきしん》の旺盛《おうせい》な子どもでした。
雨が降ってくると、「この雨はどこからくるの？」とか、
この雨を見て、「この水はどこにいくの？」と母に聞くのです。

母は、最初の頃は質問に答えていたようです。
母「雨は川にいくのよ。」
私「川の後はどこに行くの？」
母「海に行くの」
私「海の水はどこにいくの？」

いくら答えても、質問が止むことがない、
ずっと質問を続けるような子どもだったようです。

扇風機《せんぷうき》を見れば、「どうして扇風機は回るの？」「スイッチを入れたら回るのよ」「どうしてスイッチを入れたら回るの？」「コンセント入れて、スイッチ入れたら回るのよ。」
ラジオを見ても「どうして、どうしてここから音が出てくるの？」
番組《ばんぐみ》の内容よりも、音の出る仕組《しく》みに興味《きょうみ》を持ったのです。

小さい時から周《まわ》りの大人達《おとなたち》をつかまえては、質問ばかりしていました。
答えが出ても、質問が終わることがありません。
私は小さい頃から、非常に理屈《りくつ》っぽい子どもでした。

こんな私に、2つ下の弟がいました。そして妹は4歳下でした。
この2つ年下の弟は、非常に天真爛漫《てんしんらんまん》な性格でした。
私のように小さいことには一切気にしません。
子どもの私からみても、誰からも好かれるような性格でした。

母が夕方になると「おもちゃを片付けなさい」と私たちに言います。
そうすると、弟は、私の所にきて
「このおもちゃ、お兄ちゃんにあげる」
と言います。
私はその弟にもらったオモチャをせっせと後片付けするわけです。

弟と撮った家族写真（中央・著者）

次の日になると、弟は私に、何事も無かったように
「おもちゃ貸して」と言って来ます。
こんな時私は、絶対《ぜったい》に許せない事だと思っていました。
だから、弟が次に来ても貸さないことにしました。

ところが、私が目を離した隙《すき》に、弟はちゃっかりとこのオモチャで
遊んでいるんです。
これを見付けると、オモチャを取り上げました。弟は泣き出します。
そんな兄弟げんかをよく繰り返していました。

この弟が、私が幼稚園に入ったある日のこと、急にお腹が痛いと
言い出しました。弟を急いで病院《びょういん》に連れて行きました。
検査の結果急性白血病《きゅうせいはっけつびょう》ということがわかりました。ほんとうに急な
ことでした。そして弟はまもなく亡《な》くなってしまったんです。

それからの私は、非常に後悔《こうかい》しました。
いつも下の妹と一緒に私にまとわりついていたあの弟は
もう居ないのです。
あの時に、もっとおもちゃを貸してあげればよかった、
もっとやさしくしてあげればよかった、と思い続けました。
突然《とつぜん》私の前からいなくなってしまった、
この弟のことだけは今でも非常に後悔している事です。

幼いながらもその時の経験から、
私の中に非常に大きな疑問《ぎもん》が生まれたんです。

「人間は何の為《ため》に生きているのか」ということでした。
幼稚園から小学校の頃まで、そういうことに非常に興味を持つようになりました。

3. 自分にとって大切なことには夢中になる

そんな少年時代を過ごしたのですが、私は何にでも興味を持ったと言いましたが、なぜか学校の勉強にはあまり興味がありませんでした。

小学校の時の私は、自分に必要がないことはやらない、
そういう子どもでした。ただ、学校に行く楽しみはありました。
その楽しみにしているというのは、廃品回収《はいひんかいしゅう》がある日でした。

いつもなら登校《とうこう》時間ギリギリに学校に行く私が、その日だけは、朝早く家を出ます。そして廃品回収場をぐるっと回っては、壊《こわ》れたラジオとか電化製品《でんかせいひん》、それに壊れているオモチャを探し出します。

それを草むらに隠《かく》しました。そして、学校が終わった帰りにせっせと持ち帰ったのです。そんな子どもでした。

そして、この電気製品やオモチャを分解します。
私は、その中がどうなっているのかを、どうしても見たかったんです。ラジオの中はどうなっているのか知りたかったのです。

テレビやラジオを夢中《むちゅう》で分解《ぶんかい》して、その中から磁石《じしゃく》を外したりしました。そういうことには一生懸命《いっしょうけんめい》でした。
そしてもうひとつ学校には、大きな楽しみな場所がありました。

それが図書室《としょしつ》でした。学校にいって本を読むことでした。
母も、顔をあわせればいつも質問ばかりする私に対して、
うまく答える方法を少しずつ考えてきていました。
私が質問すると、質問で答える、という方法でした。

「どうしてテレビが映《うつ》るの？」と私が聞くと、
「どうしてだと思う？」これで終わってしまいます。
そして、私の質問が続くと、母の答えはきまって、
「本を読んだらわかるよ」ということでした。
そんな会話を母子でよくしていました。

母と妹（栗田智美）と

私が通った那覇市立城北小学校は、児童数が2,000名もいる大きな学校でしたので、図書室がとても大きく、本がたくさんありました。
私の楽しみはその図書室に行って、毎日毎日、
本をたくさん読むことでした。

前にお話しましたが、私は幼いときから「人間は何の為に生きているのか」ということに興味をもっていました。
そのためでしょうか、夢中になって、伝記《でんき》や偉人伝《いじんでん》を読み続けました。
その他にも、外国の写真がとても好きでしたから、写真集のような本をよく読んでいました。

その他に、よく読んでいたのは、伝記だけではなく普通の「電気」の本でした。「壊れたものを直したい」という気持ちが強い子どもでしたから、電気関係の本を読むのもとても好きだったんです。

4. 欲しいものは自分で工夫して生み出す

わが家は、経済的《けいざいてき》には苦しいこともあり、
オモチャを買ってもらうことなどほとんどありませんでした。
母からは、壊れたモノを持って来ても、
後できちんと片付けさえすればいいよ、と言われていました。

私のこのガラクタ集めを母が許してくれたのは、

もし駄目《だめ》っていったら、私は新しいもの買って買ってと言い続けます。
それを避《さ》けるために、母は片付けさえすればいい、
という交換条件を出したわけです。

私が幼いころは、わが家ではよく大根の葉っぱを食べていました。
それは、八百屋《やおや》さんに行けば、葉っぱはタダで貰えたのです。

でも子どもはそういった事情《じじょう》というのを良く知らないので、
好きなものを食べたいと言います。
私たちから「葉でなくて白い根っこの部分を食べたい」、
そう言われると非常に困るというので、
母は、例えば「スイカを食べたい」と言うと、
私たちにスイカの種を植えさせました。

母はそういうことを工夫してやっていました。

私たちが幼い頃から、
母は何でも自分で作るということをよくやっていました。
洋服でも買うと高いので、自分で作るということをしました。
いろんな生地《きじ》をほどいたり、買ってきた生地と組み合わせたりして、
自分でいろいろな服を作っていました。

ある時、妹が「ケーキを食べたい」と言いました。
母親に「ケーキを食べたい」と、おねだりするわけです。
そうすると、母は言います。「ケーキって自分で作れるのよ」

「じゃあ、どうやってつくるの？」と妹はたずねます。
そうすると母から、「本を読んだらわかるよ」と言われるのです。
そこで、私たちは図書室に行って、
「ケーキを作るためには何が必要か」をくわしく調べます。

ケーキの本を読むと、材料だけでなく、オーブンというものが
必要だということがわかりました。オーブンです。
そこで、私は非常に困ってしまい、また母に相談《そうだん》しました。
「ケーキを焼くためにはオーブンが必要なんだけど」とたずねました。

そうすると、母が言いました。
「勉はいろいろなモノを探すのが好きでしょう？　探してごらん、
あるかもしれないよ」

それから、私はまた学校の行き帰り、あちこちと毎日オーブンを
探しながら学校へ通った記憶があります。
それでも見つからないのでまた、母に聞きました。
「オーブンはなかった、どうすればいいの」
そうすると母は「一人で探しているからないのよ。みんなに聞いて
ごらんなさい」そうしたら、きっと探せるということです。

それからは、私は周りの人に、
「どこかに捨てられているオーブンを見たことないですか？」
と聞いて回りました。
するとある人から、「庭先《にわさき》に捨てられてるオーブンがあった」

という情報が入ってきました。
「そのオーブンは使っていないようだから、聞いてあげようか？」
ということになり、聞いて貰らいました。
やはり使っていない、ということでしたので引取りに行きました。

ただ、このオーブンは、ガスオーブンでした。
ガスを付ければちゃんと火がつくんですけど、温度調節《おんどちょうせつ》が上手《うま》く
できず、さらに点火装置《てんかそうち》が壊れている、そんなオーブンでした。

そんなオーブンを貰ってきて、一生懸命《いっしょうけんめい》ケーキを作りはじめました。
母が、小麦粉や卵《たまご》、砂糖《さとう》やバターと、材料だけは買ってくれたので
ケーキを作り始めたのですが、失敗続きで、
上手く膨《ふく》らまないケーキとか、ぺしゃんこのケーキができるんです。

そうすると、この失敗ケーキを、母は捨てずに全部食べました。
この母の姿を見て、私たちはどうしても、失敗をしてはいけないと
思いました。

ぺちゃんこのケーキを冷蔵庫に入れておくと
母が「美味しいね」と全部食べる様子を見ました。

それから失敗しないにようにいろんな工夫をしました。
火を付けるのに点火装置がないので、
パンッ！！と、大きな音がするのですが、これを上手くつける方法
を考えたり、温度調整《ちょうせい》を上手くする方法も考えたりしました。

小さい時から母は私たちに、欲しがるものをすぐ買ってくれるということがありませんでした。
そうして母は、「できない」って言葉を決して使いませんでした。

「工夫すればできるよ。」いつでもそういっていました。

すると、子どもというのはその言葉に非常に敏感《びんかん》で、
「工夫すればなんとかなるんじゃないかな」・・・
私はそういう風に考えるようになったのです。
そんな私が中学校に入学しました。私は電気いじりが大好きだったので、中学校にはいるとアマチュア免許《めんきょ》の資格を取りました。
壊《こわ》れたテレビの部品を利用して、ラジオを組み立てることも出来るようになりました。

それと同時に、小学生時代から本を読むのに熱中していました。
中学生になっても学校の授業はあまり聞いていませんでした。
ですから、当たり前ですが、成績があまり良くない状態でした。
その頃は、学校にいる間に本を二冊読み、家に帰って二冊読む、
ということをずっと続けている時期でした。

授業中もずっと本を読んでいるので、先生に本をとりあげられます。
ところが私は全然困《ぜんぜんこま》りませんでした。
なぜなら、とりあげられた本は、学校の本だったのです。
そして、図書室の利用記録が多くなるというので、友だちがみんなカードを私に貸してくれたのです。

友だちのカードで本を借りては、先生に取り上げられるというくり返しでした。こういう中学校時代を過ごしていました。

5. 働くことは「夢」を叶えること

全く学校の勉強に興味が無かった私でしたが、
ある一冊の本に出会い変わりました。
その本には､「日本では、若者が一生懸命勉強して、いい大学に入って、そして良い会社に就職《しゅうしょく》するのが一つの大きな目標だ」ということが書いてありました。
しかし、「アメリカでは、一生懸命勉強していい大学に入って、いい仲間を作って、起業《きぎょう》する」と書かれていました。

そして、大学生活は、いい仲間を作る事が目的であるとありました。ちょうどその頃、私が中学生時代でしたが、当時アメリカで創業《そうぎょう》した会社というのが、マイクロソフトとかアップルという会社でした。

そしてその創業者たちは、大学時代に自分たちの夢を実現するために、必要な良い仲間を作って、大学を中退してでも、会社を創《つく》り出したのです。
そういう話がマスコミで紹介され、私も子どもながら気持ちがワクワクしたことを覚えています。

ちょうどその頃、今のパソコンの先駆《さきが》けであるマイコンというのが出始めて、とても注目されました。もともと機械好きだった私は、こういったコンピュータ関連《かんれん》の話に非常に興味を持ったんです。
それで、自分もぜひそういった仕事をやりたいと強く思いました。

そのためには、学校の成績を上げておかないといい大学に入って、いい仲間を作ることが難《むずか》しくなる。そう気づいたのです。

そうすると、今まで学校の勉強に全く興味が無かった私が、学校の成績を気に掛けるようになりました。そして、「成績をあげるためにはどうすればいいのか？」を考え始めました。
私の性格は、「楽をするためにはかなり努力をする」そんなタイプでした。学校の成績を上げるためにはどうしたらいいかを一生懸命考えました。

私が出した結論は、「一番簡単に成績を上げる方法は、テストの成績を上げることが一番楽である」ということでした。

それから考えたすえに、「自分で試験問題を作ろう」ということに気が付きました。学校の先生になったつもりで、試験問題を作ることを始めたんです。
自分で書くことで、解答《かいとう》の所をしっかり覚《おぼ》え込む、ということが出来るようになりました。

そうすると、成績も学校の中で大体中ごろだったのが、いつでも上位の1割に入るようになり、かなり成績も上がりました。
これで自分の行きたいコンピュータ関係の学校に
進めるのではないかと考えていました。

中学三年生になると進路相談がありました。
そこで父親に相談しました。
私が「将来《しょうらい》は大学に行きたい。工学系の学校に行きたい」
と父親に話した時のことでした。
しかし、父親から「それは駄目だ、大学にはいかせん」
と言われたのです。とてもショックでした。

高校まで行ったらすぐ就職するように言われたんです。
私は、大学に行くために勉強したつもりだったのに、
大学に行かせないと言われたのでした。
もし大学まで行けないなら、
中学校卒業で終わりたいとそう思いました。

それで、学校の先生に相談をしたところ、
先生が父親を説得《せっとく》してくれると、言ってくれました。
この先生の話を聞いて私は期待していました。

ところが、父親は、非常に頑固《がんこ》な性格をしているんですね。
先生がいくら説得しても、絶対に駄目なものは駄目だということで、
折れることはありませんでした。

6. 「道」は一本だけではない

中学校の時の先生というのが、非常に面白《おもしろ》い先生でした。物理の先生でしたが、授業の時に、なぜかUFOの話ばかりするのです。
授業とは違う話をよくするのですが、なぜかこの先生の担任クラスからは、学校で一番難《むずか》しい高校に進学する生徒が一番多かったのです。

先生はいつもこう言っていました。
「学校や教科書で習ったのは覚えていないけど、こういう話は覚えているもんだ」

その先生が私に、次のような面白い話をしてくれたんです。

「〈道〉というのは、その中で、人が足を着くところ。そこに印をつけて、それ以外のところを削《けず》りとったら、どうなると思うか？」
という話をされました。
「そうすると、人間というのは、不安で歩けなくなる。必要だと思っている以外のものがなくなると、不安になる。だから、いらないと思っていることが、本当は安心して生きるためには必要なんだ」
先生はそんな話をしてくれました。

それで私は思い直して、コンピュータが好きだったので、
高校は電子科に進むことにしました。

この電子科《でんしか》の中で、もう一つ頑張《がんば》ったことがありました。
将来の為に、今自分ができることは何かと考えた時に、
まず資格を取っておくことだと思いました。
それからは、高校生の時には、資格取得に非常に力を入れました。
電子科ですから「電気工事士」、「危険物取り扱い士」など、
取得できる資格を、早い時期から、片っ端しに取り始めました。

でもある日ふと思ったんです。こんな資格をいくら取っても、大したことはできないことに気が付いたんです。
そこでもう少し、価値のある資格をとらないといけないと思いました。

その時に私が着目した仕事が、
「弁護士《べんごし》」と「不動産鑑定士《ふどうさんかんていし》」、それに「公認会計士《こうにんかいけいし》」でした。

すぐに、私はこれらの仕事について調べ始めました。
そこでわかったことは、受験資格があり、
ちょうど16歳からということでした。
それで、私は高校1年の3学期に公認会計士の試験を受けた訳です。
受験した時ですが、私は本当に驚きました。
受験する生徒が沖縄でたった2名だったんです。
それに対して試験官は9名でした。
二人の受験生を9人の試験官が囲んで見ているんです。
そのうえ、休憩《きゅうけい》時間にはコーヒーが出てくるという贅沢《ぜいたく》なものでした。
試験問題は今でもよく覚えていますが、論文《ろんぶん》がありました。それから、因数分解《いんすうぶんかい》が二題でした。それに古典《こてん》の出題もありました。

私は甘い考えをしていました。
これに受かれば大卒《だいそつ》扱いになるぞ、と思っていたわけですが、
とても歯が立つシロ物ではありませんでした。

その時にまた考えました。もっと楽に試験が受けられて、こんな待《たい》遇《ぐう》を受けられる資格はないかと考えてみました。
そして、調べてみるといろいろな資格があるんですね。
その時に気が付いたことは、弁護士の資格でも、日本では非常に取りにくいけれども、アメリカでは比較的取りやすいということです。
そして、日本に帰国したら、弁護士資格を書き換えができる、ということもわかりました。

パイロットもそうでした。アメリカではパイロットの資格は日本と比べて、非常に取りやすいこと、さらに飛行時間さえクリアーすれば、エアラインのパイロットにもなれるのです。
そして、日本で免許の切り替えができるということがわかりました。それほどお金が無くても大丈夫だということもわかりました。

さらに、もう一つ、
非常に興味を持った世界がコンピュータ分野でした。
この世界をアメリカで経験をした人達は、日本の一流企業でもその分野《ぶんや》で責任を持って仕事をしている、ということがわかりました。
私は、「これだ！」と思いました。

とにかく、「アメリカに行きたい」と思いました。

高校一年の三月には、会計士の試験には失敗しましたが、学校では比較的《ひかくてき》良い試験の点数が取れました。
それで、三学期は毎日出席しなくても進級《しんきゅう》ができることがハッキリしていたので、二学期が終わった時に、また父に相談しました。

「三学期は、アメリカに行くときのために、語学センターで英語の勉強をしたい」と言ったんです。
そうしたら、父はまた怒り出しました。
「学生が、学校に行かないというのは何事だ」、
と言う話になって、又も反対されてしまいました。
これも私にはショックでした。

それで、また母に相談しました。
「大学は行かせない」「語学センターにも行かせない」と言う父。
これでは自分の将来は絶対に開けない。
「父は私のやりたいことを全て邪魔《じゃま》する」、こう母に言いました。

すると、母は私に言いました。
「どうして、そういうことを言うと思うの？」
と逆に質問してきたんです。
私が「わからない」と答えると、
この時には、母は質問で返さずに答えてくれました。
「それは、子どもに幸せになってもらいたいからよ。」そう言いました。

それで、また私はこの言葉を素直にすっと受けとめました。

そして、私が次にやったことは家出でした。

親が子どもに求めることは、子どもに幸せになってもらいたい、
ということがよく分かったんです。
私がもし親の言うことを聞いていたら、きっといつまでたっても、
「親のために自分のやりたいことができなかった」
と言い続けるだろうと思ったのです。

それで、自分のやりたいことをやることが、自分が幸せになることだ。
その代わり、どんなことがあっても、
「自分は幸せです」そう思えるようになりたいと思いました。

そしてもう一つ。
「何が起こっても人のせいにはしないでおこう」
ということでした。その代わり自分のやりたいことをやろう。
そう決めたのが高校2年の時でした。私は誕生日が4月なので、
3年になるとすぐ18歳になります。

それから、「高校中退」の履歴書《りれきしょ》を書いて、日産《にっさん》という会社に面接に行きました。その頃はとても景気が良かったので、すぐに季節工《きせつこう》として採用されました。
季節工というのは、会社がとても忙しい時期だけ期限付きで雇われる人のことです。私は日産の自動車ラインで自動車を組み立てる仕事をやり始めたのです。

そこはとても給料《きゅうりょう》が良かったんです。これで、アメリカ行きの資金は十分手にはいる、そんなことを考えていました。

自動車の組み立てというのを実際にやってみると、最初のうちはとてもきつい仕事です。でも、1日に400台くらいの車を作る作業《さぎょう》を続けていくと、自然に身体が動いてくるようになります。
そしてオーダーカードを見るだけで、何も考えなくても自動的に身体が動いて部品を組み付ける事ができる、
そんなところまでいきました。

頭を使わなくても、身体が覚えてくれているのです。
それで、「この時間を使って何かできないかな」と考えました。
その時に考えたことは、「あ、そうだ、自分が大学にはいかないかもしれないけど、受験だけはしよう」と思ったんです。

その時に考えたことです。
「大学に行けなくても、受験をして一番落ちてカッコイイ大学はどこかな？」一番落ちてカッコイイ大学というのは、
一番成績が高くないと入れないところだと思ったのです。
詳しく調べてみると、東大の医学部《いがくぶ》が一番難しい、
ということがわかりました。それで、どうせ落ちるなら、
「東大医学部を受験しよう」と決めました。

ところが、当時は共通一次と呼ばれた、今のセンター試験があって、ある程度の成績をとらないと、試験さえ受けられないということが

わかりました。
そこで、私の目標は「一次試験突破！」となり、
その時は一生懸命勉強しました。

問題集の解答を書き込んだカードを、組み立て部品表の前に貼って、
自動車の組み立て作業をしました。
一日に400回くらいこのカードを見て、覚えたり、
これを唱えながら歩く、ということまでしました。
この時が、自分の人生の中で一番勉強した時期だと思います。

家出のような形で家を出たので、父からは、「家族にも連絡を取ることは駄目だ」と言われていたので、連絡は全然出来ませんでした。

ところが10月になったある時、学校の担任《たんにん》から電話がありました。
「働くのは卒業してからでも遅くないから、とにかく卒業証書《そつぎょうしょうしょ》だけは貰《もら》ってから出直せ」、ということでした。
それで、会社の人事《じんじ》の方に、仕事を辞めたいことを伝えたところ、
「社会人として、急に辞めるというのはまずい。せめて今月一杯はやってくれ」ということでした。

それで、10月一杯は仕事をして、11月になるとすぐ家に帰りました。
そして、目標である東大を受けようと思い職員室にいって、
担任の先生に受験願書《じゅけんがんしょ》を書いて貰おうと思ったんです。

その時に、こう言われました。

「何を寝《ね》ぼけたことを言っているんだ。」
はじめは、私が東大を受けると言った事が「寝ぼけている」
と言われたと思ったのですが、実際はそうではありませんでした。
実は受験願書の申し込み締め切りが、10月末だったのです。
ということで、11月では、もうどこも受けられない
ということでした。ショックを受けました。

でも、その頃は景気が良かったのです。特に電子科、コンピュータ
関係の技術者というのは、これからますます必要になるということ
で、かなり一流の会社でも就職《しゅうしょく》がしやすい状況でした。

私も、そんなコンピュータ関係の会社に就職をしよう、
と思っていたのですが、その時にふと思い出したことがありました。
それは、中学校の時に読んだ本に書いてあったことです。
「いい大学に入って、いい仲間を作って、起業《きぎょう》する」
ということでした。

7. 共に夢を追いかける仲間をつくる

私には、「起業」したかった自分なりの理由がありました。
それは、「同じ志を持った人と一緒に働きたい」ということでした。
そして、働く仲間を選べるのは経営者しかない、と思っていました。
そのために、出来るだけ早く「自分で独立《どくりつ》をしたい」

と考えていました。

その時に思った事は、
「自分はこの日産自動車に入って、工場の中で組み立て作業をしている。でも会社全般の状況は、ここでは全然分からない。車を組み立てることしかわからない」そんな感想を持ちました。
その時に思いました。
「自分は将来こんな大きな会社に入ることだけはやめよう。逆に小さな会社に入り、会社というのはどのように運営されているのかを見たい」そう思いました。

そこで、次に選んだ会社が、従業員《じゅうぎょういん》数8名の会社でした。
高校を卒業すると同時に上京して、
大田区にあるその会社をまず見学に行きました。
そこは小さな会社でした。
そこで感じた一番の問題点は、
創業《そうぎょう》してからの期間が長いにも関わらず、
「ちょっと暗い感じのする会社」ということでした。

私は正直なところビックリしてしまいました。
「この会社のように社歴《しゃれき》が長くても、成長しない会社にいたら、この雰囲気《ふんいき》に慣れてしまい、自分も成長できなくなる」
そう思いました。
すぐに会社に行って、就職できないとお断りをしました。

8.「今」より「未来」を考えると成長する

今度は、現在成長している会社を探そうと思いました。
そしてもう一つ、給料が高い会社、という条件がありました。
社員に高い給料を払っても成長し続ける会社、
業績が伸びている会社はどんな会社なのか、
それを内部から自分の眼で見たいという気持がありました。

会社の大きさというのは問題ではありませんでした。
とにかく成長して、給料の高い会社を知りたいと思っていたのです。
ちょうどその時に、「一番給料の高い会社で、成長性が非常に高い会社」が見つかりました。それが、当時の佐川急便《さがわきゅうびん》でした。

給料は固定給《こていきゅう》でした。
さらに、高卒の人間にも、
当時40万円以上の給料を出すという好条件でした。
これは凄いと思った私は、この会社に入ろうと思いました。
まずはアルバイトをしようとしました。
アルバイトでも給料は30万円以上もあるような会社でした。

ただ、仕事の中身は非常に厳しい会社でした。
目標を持って入った会社でしたが、しばらくするとこの会社でも、
非常に無理があることに気がつきました。

確かに会社は成長しているけれども、
社員として長く続けるのは無理があると思いました。
それからまた、次にこれから伸びる会社はどこだろう、と考えました。
ちょうどその時に私が興味を持ったのが、ホンダでした。
この会社も景気が良く、「期間社員」の採用がたくさんありました。

この頃は、自動車業界では日産自動車が非常に好調な時でした。
トヨタよりもずっと業績《ぎょうせき》が良かったのです。
当時は「クラウン」より「セドリック」のような高級車《こうきゅうしゃ》がずっと売れていました。「レパード」という車も非常に売れている時期でした。
そして、日産の「ブルーバード」という車が、ずっと何十カ月もの期間、登録台数《とうろくだいすう》が第一位という時代でした。
非常に日産が強い時代でした。
トヨタはそれなりにもちろん頑張っていましたが、
私が興味を持ったホンダは全然駄目な時期でした。

その時ホンダで売れていたのは、「シビック」と「シティ」という車でした。それ以外の車は、生きた化石というように呼ばれているような状態でした。
ホンダは、四輪《よんりん》が生き残れるか、二輪《にりん》で利益を上げて、車は本当に生き残れるかと言われている時期でもありました。

そんな会社でしたが、何故か私は、将来伸びる会社ではないかと、
非常に興味を持っていました。
それでホンダに就職したのです。

期間社員としての入社でしたが満足でした。

このホンダに入社してビックリしました。日産では毎日残業をして、一所懸命に車を作ります。しかし、ホンダは違っていました。
残業する時間に、工場の環境整備をするのです。
床や排水溝《はいすいこう》の掃除をしたり、とにかく施設を綺麗《きれい》にするわけです。
これがとても徹底しているような会社でした。

また私がビックリしたことがあります。
日産にいた時には、手で工場の床を触《さわ》ると手が真っ黒になるような所でしたが、ホンダは、床に寝転《ねころ》がっても大丈夫でした。
Yシャツで寝ても大丈夫というくらい綺麗だったのです。

これを見てとっても感動しました。
私は「この会社は伸びるだろうな。」と直感しました。
この世界に余り経験がない私でもそう思いました。

9. 経営者の勉強は働きながら学べる

このホンダでの仕事は、最初から期間は3カ月にしようと決めていました。その期間が満了したので、まず沖縄に帰ることになりました。沖縄に帰った時には、父親が会社を立ち上げる時に手伝うということになっていたからです。

実は母方《ははかた》の叔父《おじ》が、この間の私の行動を見ていてくれて、起業の際の資金を準備していてくれたのです。その時に父親が、この準備した資金を使って、仕事を始めたいということになりました。
一緒に仕事をするのだから、大丈夫なはずだということで、私も父親の仕事を手伝うということになったのです。

しかし、父と一緒に仕事を始めると決まった時、
「このままの状況ではいけない」という危機感《ききかん》を強く持っていました。
私は会社経営《かいしゃけいえい》の基本は営業だと思っていたので、
まず営業のノウハウを学ぼうと思っていました。
そのためには、まず他社に就職《しゅうしょく》したいと考えました。

そして就職するなら、成長している会社で、
給料が高い会社にと決めていました。
「業績が伸びている会社」「社員の待遇《たいぐう》がいい会社」
が私の将来の会社の目標でした。
さらにもう一つの条件として、
「新規《しんき》に事業を始める会社」ということでした。

こういう会社は、一生懸命さがせばすぐに見つかるもので、新しく沖縄に営業所を作るという会社がありました。
それも営業職を募集しているということでした。そして給料も破格でした。従来の沖縄での仕事の3倍ほどの待遇でした。
これは入社するのは大変だと思いましたが、まず面接だけは行ってみることにしました。やはり応募者《おうぼしゃ》がたくさん来ていました。

100人以上の応募者がいましたが、それでも面接を受けました。
正直なところ、この会社に入るのはむずかしいかなと思いながら家に帰りました。
ところが家に帰ってからしばらくすると、
なんと採用《さいよう》の連絡が来たのです。
ビックリしました。すぐに会社に行きました。
そして採用担当者に会いました。

まず、なぜ自分が採用になったのか、
その理由を聞かなければ働けないと思いました。
本心では、自分が採用になるのはおかしいと思っていたのです。

すると、採用担当者が、「君は選考《せんこう》をしていない」と言うのです。
実はたくさんの人が応募して来ましたが、
ほとんどの人は商品管理《しょうひんかんり》の仕事が希望でした。

営業希望で応募したのは私を含めてたった二人だけということでした。
それで「あなた方二人は無条件で入れたんですよ」と言われました。

この仕事というのは、その当時、世の中に出始めた羽毛布団《うもうふとん》の販売でした。

実際の営業をすることになって、私はとても驚きました。羽毛布団の値段が、その当時、上下のセットで一番安いので18万円、普通価格が24万円から38万円という、そういう価格帯《かかくたい》の商品でした。

私は、こんな高い商品はまず売れるわけはないと思いました。

でも、面接の際、固定給《こていきゅう》があるという話でしたし、何よりもこの新しい会社がどうやって成長していくのか、そこに興味があり、それを直接経験し、見るチャンスだと思い入社しました。

他人からみると私の行動は不思議に思えるようで、私もちょっと変わった性格であることはわかっています。
私は、会社が指示する営業方法には目もくれず、自分が良いと思う方法が本当に正しいかどうかやってみようと思いました。
これはいい実験の場ということで、私流のやり方を、非常に力を入れて実行しました。そして、結果的には大変良い成績をあげました。

そうしている内に3カ月が過ぎ、
ちょうど父が会社を設立する時期になりました。
そこで会社を辞めますとお話したところ、会社の方から、
「君はこのまま仕事を続けなさい。父親には仕事を手伝うのではなくて、給料からお金を渡して協力した方がいいよ」
と引き止められました。
しかし、これは最初からの約束でしたので辞めさせてもらいました。

ところが、私が父の経営する整備《せいび》工場《こうじょう》に入った時から、
これがまた問題がもちあがりました。
経営者である父には、新規《しんき》のお客様に利用していただくために
工夫しようという気持ちが全《まった》く ありませんでした。

「待っていれば自然と客はくる」という、そういう感覚《かんかく》の人でした。
それはおかしい、と私は思いました。

結局、父の会社では私の仕事がないので3カ月ほどで辞めました。

10. 誰もやらないことに興味をもつと楽しくなる

二十歳になったその4月に、私は独立《どくりつ》しました。

その当時、私が特に興味を持っていたのが、
現在ではどの会社でもやっている、「車検《しゃけん》」というものでした。
これは2年に1度は実施することが法律で決められたことですが、
これこそ計画的に出来る仕事じゃないかと思ったのです。
その当時は、この車検専門の工場というのが無かったというか、
私も知りませんでした。

それで、故障《こしょう》した車をその都度《つど》修理するのではなくて、
確実に、定期的に、整備の仕事が入る
「車検」を主な仕事にしようと考えたのです。
前の会社で営業センスをある程度身に付け、
自信もあったのでいろいろ工夫をしました。

例えば車のフロントガラスに張られているステッカーを見て、

「これは車検が近い車だ、営業をしたら車検を依頼してくれるのではないか」
と考え、ここは直接営業するのは大変なのでチラシを使おう、
などいろいろ考えては実行しました。

ちょうどそのころ普及し始めたのが、「ユーザー車検」というものでした。今までの車検では、自分でクルマを整備工場に持って行かないといけなかったのです。
自分で車検を受けるということ自体が出来ませんでした。
私達はこのことに非常に疑問を持ちました。自分の車をなぜ自分で整備出来ないのか。ユーザー車検を普及させたいと思いました。

当初は資金がないので、チラシを作っては朝の内に配って、
それから事務所でお客様がくるのを待つというやり方でした。
このユーザー車検というのが、基本的に設備は、何も要りません。
お客様が作業する時にアドバイスをして、そしてお客様から依頼があれば、作業を一緒に行い、ときにはこちらの方で作業を代行《だいこう》する。
そういう仕事でした。そして、あることに気がつきました。

ユーザー車検と言っても、
料金を安くするためにそう呼んでいるだけで、
実際はお客様は整備作業をしていないということに気がつきました。
これではいけないと思いました。それで仕事のやり方を変更し、民間車検場にして料金を安くする。この戦略《せんりゃく》に転換《てんかん》をしようとしました。
現在の半分の料金で車検ができる方法はないか、

いろいろと考えました。

私たちがやったことは、お客様の要望を聞くということでした。
最初に整備工場を始めた時もそうでした。
何の経験も無かったんです。
いつも、「どうやったらお客様が来てくれるか？」を考えました。

その答えはやはり、「お客さん自身に聞けばいい」ということでした。
お客様にお話を聞くと「安くて、速くて・・・など」いろいろな希望や条件がありました。さらに、同業者にもアドバイスを求めました。

そうすると、「そんな客の言うことを聞いたって、商売にならんよ。やり方は自分達が教えてやるんだ」と言われました。
これを聞いた時に、
「よし、これは逆にチャンスだ」と思いました。
これが実現できれば、間違いなくお客様は来てくれるはずだと、
方針が決まりました。

実際にスタートすると、お客様はよく来てくれました。
そして次に車を販売する時にも、同じことを考えました。
お客様の要望《ようぼう》を聞いて、その要望に答えればいいということが
頭にしっかりインプットされていたのです。

ちょうどそのころ非常に伸びてきたのがスーパーでした。
スーパーは郊外《こうがい》に大きなお店を作り、そして商品はお客様に選んで

もらう。値段は安くするけども、値引きは一切しない。
おまけに現金で回収《かいしゅう》する。まずこれをマネようと思ったのです。

整備工場の問題点というのは稼働率《かどうりつ》でした。それで稼働率が現在60％というところを､90％まで上げたい。そんなことを考えました。
同じころ、世間では歯医者さんが不足している時期でした。
歯医者に行くと予約待ちで、診療《しんりょう》を受けるためには、
かなり以前から予約をしないと診てもらえない。
これをヒントに、私たちも全て予約制で、待ち時間を無くする、
このシステムをマネしたのです。

その代り、料金半分を目指そう、ということを始めたのです。
こういう仕事のやり方がまだ非常に少なかったせいか、沖縄県内の業者からは、おかしなことをやっている連中がいるということで、誰も相手にしてくれませんでした。

私たちはチラシを空港でも配りました。そうすると、県外の人たちもたくさん会社を訪れるようになりました。
どんな事をやっているのか視察《しさつ》に来るようになりました。

そのうち、私たちの会社の仕事について、業界《ぎょうかい》向けの自動車新聞やテレビなどで報道されました。
これ以後、このやり方をいろんな会社が真似《まね》するようになりました。

私たちの最初の目標は、沖縄で一番扱い車検台数の多い整備工場を

目指《めざ》そうということで始めました。
当時は、沖縄ではもちろん一番多く、
全国的にも単独工場としては一番多いと言われるようになり、
周囲から非常に注目を浴びるようになりました。

会社を成長させるためには、次の戦略《せんりゃく》を練《ね》らないといけないということで、車の販売を始めたのです。
ただ新車はディーラー系の問題があって難しいので、まず中古車《ちゅうこしゃ》が簡単に扱えるということで、中古車を販売することにしました。
販売台数を増やすこともでき、売上も沖縄で一、二を競うほどになりました。
ただこれからは、いろんな法律の改正などがあって、もう中古車販売というのが将来伸びないだろうなという予感もありました。

売上げ増を達成《たっせい》できた最大の要因《よういん》は、
会社の中でデータ・ソフトを作っていたことです。
例えば「この車は、どの年式の、どういう車であれば、何日間の在庫で売れている」とか、「回転率何日間で売れ」という、
そういう情報がしっかり出来ていたのです。

またまた、ふと気がつきました。
「車を売るよりも、そのソフトを売った方が利益が上がるのではないか」
この事に気が付きました。

「本来やりたかったことはこれだ。」
ということに気が付きました。
それで、会社の仕事内容を切り替えたいと考えました。
その頃、1995年でしたが、ウィンドウズ95というのが出てきて、
それで非常にデータ管理がやりやすくなったのを覚えています。

銀行のオンライン取引が出来ますとか、株がオンラインで買えます、
ということで仕事のやり方が大きく変わろうとしていました。
それで私たちも、このやり方に切り替えた方が効率的だと考えました。
車販売で非常に問題だったのが、
輸送《ゆそう》に費用がかかるということでしたが、
オンライン上で取引が出来れば、
相手の所まで出かけて行く必要がない。

時間も費用も削減《さくげん》できる、これに特化したい。そう思いました。

そのための先端《せんたん》技術の視察というのが、先ほど言った、
アメリカへの旅行だったのです。
この海外視察に、これからの仕事の成長、
将来性を非常に感じていたわけですが、残念ながら、
視察が終わって沖縄に帰る前に事故に遭《あ》ってしまったのです。

第4章

「出会い」
日本中の友人から
夢と勇気を貰う

2001年4月10日、仕事に関連した視察のために、IT先進国であるアメリカに旅行した帰り、私は千葉県船橋で事故に遭いました。救急患者として運ばれたのが千葉県船橋市にある船橋市立医療センターでした。そして1か月後の5月9日に、長野県身体障害者リハビリテーションに転院。さらに、2002年4月15日に埼玉県の所沢市にある、国立身体障害者リハビリテーションセンター病院に入院しました。そこでの約8ヶ月にわたるリハビリの後、経営難に陥った会社を再建するために、急きょ退院して沖縄にもどったのが12月12日のことでした。

1. 私はたくさんの人たちと出会い、そして支えられました

思い起こしてみますと、入院中の1年8ヶ月の間にたくさんの方々に支えられて、両足切断《りょうあしせつだん》、複視《ふくし》、高次脳機能障害《こうじのうきのうしょうがい》という文字《もじ》通りの三重苦《さんじゅうく》を乗り越えられたと思います。
でも正直に言いますと、当時の私は「どうしたら自分を事故前の状態にもどせるか、少しでも早く社会復帰《しゃかいふっき》したい」、そればかりを考えていたのです。

今こうして、フルマラソンを走り、講演会《こうえんかい》に声をかけていただき、自転車で会場に駆けつけることが出来るようになった私自身がいます。

いままで、たくさんの人たちとの出会いがあり、そしてその方々に助けられ、支えられてきました。
ここからは、その内の何人かをご紹介させていただます。
他にもまだまだたくさんの方がいらっしゃいますが、まずさきに感謝とお詫びを申し上げておきます。

2. 病院時代に出会い、支えていただいた方たち

「両足に義足《ぎそく》を履《は》けば、歩けるようになるよ」と言って、

私のこころに“希望《きぼう》の灯《あかり》”を芽生えさせてくれたのが、
船橋市立《ふなばししりつ》医療《いりょう》センター・リハビリ担当《たんとう》医の島田《しまだ》裕敬《ひろゆき》先生でした。

「すごいよ島袋さん、どうしてこんなに上手に包帯を巻けるの？」
とほめて、私の性格を見抜きやる気を出させてくれました。

「島田先生の熱意《ねつい》に心を動かされました。しっかりと兄の目をみつめ、心から語りかける一語一語《いちごいちご》には、やさしさと同時に、いっしょに不自由《ふじゆう》を克服《こくふく》していこうという、共感《きょうかん》のようなものがこもっているのでした」と妹は語っています。

そして、「島袋さんは、運がよかったですね」、
こんな衝撃的《しょうげきてき》な言葉をかけた担当《たんとう》看護師さん。
当時の私には、このひと言はどうしても理解《りかい》できませんでした。
でも現在の私は、この言葉の意味がわかります。

生死《せいし》の間をさまよっていた私を救ってくれた、
医師とスタッフの方に感謝します。

本格的なリハビリをするために、
「長野県立総合リハビリテーションセンター（現在）」に
転院《てんいん》手続きをした時にお世話になった、
厚生相談室の池田《いけだ》純《じゅん》さんも、
以後の闘病生活に意味を持たせてくださった方でした。

「病室の空室状況《くうしつじょうきょう》や所長への相談など、その後の何度かの電話でのやりとりを、この全盲《ぜんもう》の方がすべて処理《しょり》してくれていたのだと思うと、転院先《てんいんさき》決定を急ぐあまり、無理なお願いをしていたのではなかったかと、申し訳ない気持ちになりました。と同時に、身体にハンデを持ちながら相談室の大事な役割《やくわり》をてきぱきとこなしている池田さんを、ぜひ兄に会わせたいと、強く思ったのです。」

これは、はじめて池田さんに直接お会いした時の
私の妹である智美の、正直な気持ちでした。

リハビリセンターの所長をはじめスタッフの皆さん、
ほんとうにお世話になりました。ありがとうございました。

大塚所長はとても患者に理解のある医師でした。
私の＜義足分解《ぎそくぶんかい》＞の現場《げんば》を見ても、注意したり、やめさせたりすることなく、“お、すごいね” と励《はげ》ましの声をかけてくれました。

義肢科《ぎしか》の下村技師も協力的《きょうりょくてき》で「自分でやってごらん」とパテとペーパーを持たせてくれました。さらに取扱《とりあつか》い説明書を貸してくれ、角度の調整《ちょうせい》などのアドバ

親切で協力的だった義肢科の皆さん

イスをしてくれたのです。

私は、自分に合った義足さえできれば自由に歩けると思い込み、
義肢を製作する部屋に毎日かよっていたのです。
義肢科の方々は、そんな私にコーヒーやお菓子を出してくださり、
あたたかく見守ってくれました。
実際に自分で義足《ぎそく》の調整を始めると、調整具合がそのまま自分の足に伝わるため、この作業がどんどん楽しくなるのでした。

ケガから何かを学ばなければと、周りをよく見回すといろんなものが見えてきました。

その中で一番記憶に残っているのが、
私より1年前に片足を切断《せつだん》して義足製作のため、
同室に入院した吉田秀一《よしだしゅういち》さんでした。

「義足でできないことはどんなことですか？」という私の質問に、
一瞬《いっしゅん》、うーんと考えた後に、
「出来ないことは何もないよ。ただ、とても疲れるんだ」
と話してくれました。

この言葉は私の胸に重く響《ひび》きました。
この時から、出来ないことを探《さが》すのではなく、
出来る方法を探すようになりました。
さらに、自分の目的に合わせて義足を選んでいいことを知り、

退院後の自分のイメージがさらに大きくふくらむのを感じたのです。

そして忘れてはならないのが、こんな私の「我がまま」にお付き合いしてくれた、経塚《きょうづか》師長をはじめとした看護師の皆さんです。

「リハビリやりすぎないで」、こう注意する看護師さんとの闘いのような日々でした。自分なりに調整した義足をはいて、病院内と病院の外周《がいしゅう》を歩きまわるのが日課《にっか》でした。

そのうち、いつものコースを、同じ景色を見て歩き回るのに飽きてきた私は、もう少し距離を延ばしたいと、外出したくなりました。そして、最初の外出、実はこれが後で周囲の人をまきこんだ騒動《そうどう》になるのですが、片道10kmの千曲川《ちくまがわ》への歩行訓練でした。

私が、周囲に迷惑をかけながらも、なぜここまでやるのか。
私には私なりの理屈、理由がありました。

手すりにつかまって階段を上り下りする訓練でも、
私は手すりに頼らないようにしました。
「いつでも、どこでも、階段に手すりがあるとは限らない。
だから最初から手すりはないものと思って訓練しなきゃ」
というのが理屈《りくつ》でした。

無謀《むぼう》と思われてしまうかもしれませんが、外出を「強行《きょうこう》」したのは、
「義足にトラブルが出るなら、ここに入院中に出てほしい」

と思っていたからです。
退院してからトラブルのであれば対応も出来ず、
仕事にも日常生活にも支障《ししょう》が出てしまう、というのが理由でした。

こう思い込んで行動していたのが当時の私でした。

こんな私の「我がまま」にお付き合いしてくださった、経塚師長をはじめとした看護師のみなさん、スタッフのみなさん、本当にお世話になりました。（詳しくは「義足のランナー」をご覧ください）
このリハビリセンターで、もうひと方との出会いがありました。

私に「マラソンを走りたい」
そう思うきっかけを与えてくださった当時、
義肢科に実習に来ていた、スポーツ科学の研究者稲場《いなば》智彦《ともひこ》さんです。

ある日彼は私に、シドニーのパラリンピックで短距離を走る
両足義足の女性ランナーの写真を見せてくれたのです。
写真を見つめているうちに、なにかしら熱いものが
胸に込み上げてきて、ポロポロと涙が流れ落ちました。

それまでの私は、義足で普通に歩ければいい。
経営者として仕事をし、責任を果たせればいい、と思っていました。
しかし、この写真を毎日眺《なが》めているうちに、
自分も走りたいと思うようになったのです。

リハビリ、歩行練習、と毎日一生懸命に取り組んできた私に
心の底から熱く燃えたぎるような具体的な目標が生まれたのです。
そして2002年4月15日。私は事故から三番目となる所沢の、
「国立障害者リハビリテーションセンター病院（現在）」
に転院しました。

私の「一日でも早く社会復帰を」との願いに応えてくれました。
希望して受けたスポーツリハビリに関しては、
この病院はすばらしかったのです。

とくに、私を指導してくれた北村《きたむら》先生は、
厳しさの中にも明らかな愛情が感じられ、
そのうえ一つひとつの言葉に説得力のある先生でした。

私の歩行姿をみると「カッコ悪い！」

そして、一本のビデオを見せてくださり、こう言いました。
「ごらんなさい。アメリカでは義足の女性の最終訓練《さいしゅうくんれん》は、
ハイヒールを履いて歩くことなのよ」

さらに、スポーツリハビリテーションでの、
「バトミントン」と「サッカー」での訓練もありました。
モノがいくつにも見える複視《ふくし》でのバトミントンの反復《はんぷく》練習。
足のない人間に「サッカーをしましょう」。
義足の私は、「痛い、転ぶ」のくり返しでした。

義足では力の感覚《かんかく》がわからないのです。
私が抗議の気持ちをふくめて、その事を言うと、先生に「それを知るための訓練よ」と、あっさりと言い返されてしまうのでした。
訓練している理由がわかると目的をもって出来るように工夫するのが楽しくなるのでした。

さらにこの病院には、医師や看護師の医療《いりょう》スタッフ以外に、
私に多くのことを教えてくれた方たちがいました。
それは重度《じゅうど》の障害をもつ患者さんでした。

首から下が全く動かない患者さんがいました。
その人は電動車椅子をステッキを使い
顎《あご》で上手に操作《そうさ》してリハビリ室にむかいます。
そこで口に棒をくわえ、パソコンのキーボードを打っていました。
私は驚《おどろ》きとともに、その時の彼の明るく輝いている表情《ひょうじょう》を見て、
心から感動しました。

そして周囲の重症《じゅうしょう》患者の表情をみて気がつきました。
「人の顔や表情の明暗は、障害の程度とは関係ないのだ。
明暗を分けるのは“考え方”なのだ。」
私は、またひとつ大切なことを学べた気がしました。

3. 1000回を超えた講演会での出会い

私が講演依頼に応じるようになったきっかけをお話します。

前にも少しお話しましたが、私が所沢の国立障害者リハビリテーションセンター（現在）に入院してリハビリに励む毎日をすごしているさなか、沖縄では会社が倒産《とうさん》の危機《きき》に直面していました。

電話をして後、全身から血の気が引いていくような思いをしたことを今も覚えています。

「入院なんかしていられな。これまで支えてくれた方はどうなる？社員はどうなる？」との思い、

自分の目で状況を確認したいとの思いで、急きょ先生へ相談し、

会社へ電話した翌日には沖縄にもどりました。

両足切断のうえ、脳機能《のうきのう》に障害がある頭、そしてモノがいくつにも見える眼。こんな状態の私に、周囲の人たちは「無理をしないで」と言いつつも、不安を抱いていたと思います。

「いまできることを、考えてしなさい」。

子どものころからよく母に言われたこの言葉が、

私に何をすべきかの考えと行動の原動力となりました。

私は会社の問題点を一つひとつ書きとめ、

改善策《かいぜんさく》を考え実行していきました。

半年後、一年後、会社の状況が次第に改善されてきたのです。
何とか経営立て直しの目処がついたとき、こう思ったのです。

「自分はこれまでたくさんの人達から
手をさしのべてもらってきた・・・。」
病院の先生、看護師さん、義足をつくる方、
同じ病院に入院していた方。もちろん家族とか、社員のみんな、
本当にお世話になっている人が大勢いるんですけど、
そういう人達に何か恩返《おんがえ》しをしたいと考えたのです。

まず考えたことは、病院の人達に何か恩返しをしたいということです。
その時に、思ったことは、
この人達は「人を助けたいんだなっ」て思ったのです。
それで、自分も、今すぐに恩返しはできないけど、
この人達の意志《いし》を引き継ぐことをしようと思いました。

入院中に私は自分が退院した後、仕事に戻った時に困ることがないようにしたい、と思っていました。
それで義足を作る義肢装具室《ぎしそうぐしつ》へ行き「義足の生活で困ることはどんなことですか」と、よく質問したのです。
義足を作る方も実際に経験しているわけではないので、
その質問に答えるだけでも大変だと分かりました。
「僕らが足をなくした訳ではないから、本当はどんなことかはわからない」と答えるしかないようでした。

そこで、義足を実際に装着《そうちゃく》されている方が外来《がいらい》で来る時を
教えてもらい、私は直接その時に会わせてもらい、
質問して話を聞かせてもらいました。
「義足を履くと汗で蒸れるので何時間も装着できない」とか、
「トイレで義足を脱ぎ、汗を拭きとる」とか
「義足が履けないと、車いす用のトイレがないと困る」
とかの話です。

私が入院中に、そのような機会があったことは
義足での生活の課題《かだい》を知る助けとなったのです。
退院して日常生活で困っていることを、
すでに退院した方が外来で義肢装具室に来る時に、
義肢装具室へ行き、質問して聞くようにしたのです。

そんな入院中の経験がありましたので、
「自分の話を聞きたいと言われ、必要とされている時には、
断らない」と退院する時に決めていたのです。

2002年12月12日に退院し、まず会社の経営の立て直しに集中していました。会社の経営も改善された、2004年3月に沖縄県那覇市障害《しょうがい》福祉課《ふくしか》より沖縄県産業振興公社《さんぎょうしんこうこうしゃ》で、講演依頼がありました。
自分の「話を聞きたいと言われたら断らない」と決めていましたので講演を引き受けました。

最初の話は、バリアフリーの改造《かいぞう》業者に対する説明会でした。

障害者から見た現状を話す内容でした。
その後、沖縄県那覇市身体障害者協会より那覇市障害者福祉センターで講演をお願いしたいと依頼がありました。

その講演内容が「自分らしさ発揮《はっき》　会社経営　両義足の島袋勉さん」との見出しで新聞に掲載されたのです。（沖縄タイムス）
その新聞を見た方が訪ねて来られ、直接話を聞きたいとのことでまた、話すことになったのです。

前にもお話した通り、「何か恩返しみたいなことが出来ればいい」と思っていましたので、「ああ、この依頼も断らないでおこう」と講演会場へ向かいました。そうすると今度は、
「島袋さんは社長として会社を立て直す事ができたのだから、経営者向けの話をして欲しい」という依頼が来るようになりました。

講演の依頼があると「お役に立てるならわかりました」
と出掛《でか》けて行くようにしました。
講演依頼が増えてくると「日程さえ合えば行くようにします」
と返事をするようにしました。
すると、私の経営者向けの講演を聞いた方の中から、
「子どもに聞かせたい、ぜひ学校で話をしてくれませんか？」
ということになったのです。

この経営者対象の講演を聞いた校長先生から、
「校長会で講演をお願いできないか？」と言われ、

次からは直接会って講演を聞いた校長先生からの
各学校での講演依頼の問い合わせが増えたのです。
そんな講演依頼を断らずに続けてきたら、

2011年11月には講演回数が1,000回になっていたのです。
これまで全国の小学校・中学校・高校・専門学校や大学と、
たくさんの学校から講演の依頼を受け、お話をさせていただきました。
そして、生徒さん達は卒業して代替《だいか》わりしていますが、
今でも最初の出会いから交流を続けている学校も何校かあります。

その一つが福島の聖光学院《せいこうがくいん》野球部の監督と皆さんとの交流です。

●2007年からの約束

2007年6月に作家の神渡良平《かみわたりりょうへい》さんより妹の栗田智美へ
「夏の甲子園出場を目指しているの聖光学院の野球部の皆さんに島袋さんへ、会って話をしてもらいたい」
と、電話を頂きました。
7月の福島県大会が始まる前にぜひ話をして欲しいということでした。
急なことでしたが私はいつものように出かけました。

半ズボン姿で現れた私を見た野球部員たちは
驚いた表情をしていました。
私はいつものように「夢をあきらめない」のテーマで
リハビリのこと、そして現在もあきらめない習慣を身に着けたいと
思っていることを話しました。

監督の斎藤智也《さいとうともや》さんは、
私の話を聞くうちに生徒たちの顔つきが変わり
表情が引き締まったと話されていました。

7月4日の講演後、福島県大会で優勝したときに、
野球部の皆さんから私に感想文《かんそうぶん》が送られてきました。
この感想文を読み、私は深く感動したのです。

何に感動したかっていうと、手紙や感想に書かれてあった言葉は、
「自分たちは努力をしています」という事ではなく、
「自分たちは好きなことができて幸せです」、
「野球ができることに感謝できました」
という書き方がされていたからです。
私が自分の中で大事にしている部分です。
言葉で言うのではなく感じてくれる人が
自ら考え感じることを願っている部分だからです。

それで、逆に私が感動をもらいました。
「こんなに自分の話を理解してくれた聖光ナインを、
もう一度激励《げきれい》に行きたい」
そう思ったのです。

それで7月に福島へ講演に行った後の8月8日、
富士山登頂《とうちょう》を成し遂げた帰り、甲子園出場を果たした
野球部の皆さんとの再会に甲子園に向いました。

その時のようすが、
詳しく新聞で報道されましたので紹介させていただきます。

●第89回全国高校野球：聖光ナイン、堂々行進「試合する実感わいた」

8日開幕した第89回全国高校野球選手権大会（日本高校野球連盟、朝日新聞社主催）。兵庫県西宮市の阪神甲子園球場で午前9時に始まった開会式では、県代表の聖光学院は末永豪選手（3年）の掛け声に合わせ、約3万7000人の大観衆の中を堂々と入場行進した。
聖光ナインは8番目に登場。高橋晋平主将は「観客が多く、ここで試合をする実感がわいた」と声を弾《はず》ませた。斎藤智也監督は「リハーサルよりも悠々《ゆうゆう》と歩けていた」と満足そうだった。
この日、開会式を見ようと、選手の保護者約20人が高速バスなどで駆け付けた。バックネット裏で見守った父母らは、聖光学院の名前がアナウンスされると、ひときわ大きな拍手を送り、選手たちの雄姿をビデオカメラに収めていた。マイカーで午前5時半に到着したという鈴木伸也選手の父淳一さん(45) は「しっかり胸を張って歩けていて、ばっちりだった」とうれしそうに話していた。
聖光学院は12日の第2試合で、岩国（山口）と対戦する。【今井美津子】

◇義足のランナー・島袋さんが激励
開会式後、大阪府松原市の阪南大高で練習していた聖光ナインを、「義足のランナー」として知られる島袋勉さん（44）＝沖縄県在住＝が激励に訪れた。島袋さんは福島大会直前の7月4日、野球部員に講演した縁があり、選手たちは再会を喜んでいた。
島袋さんは01年に事故に遭い、両足が義足になったが、フルマラソンを

12回完走。沖縄県西原町で自動車整備会社を営みながら、登山やダイビングにも取り組んでいる。
斎藤監督の知人の紹介で野球部員に講演し、選手たちは「健康な体で野球ができる喜びを感じた」（佐藤竜哉投手）という。島袋さんから「甲子園　夢をあきらめない」と書かれた色紙が贈られ、聖光ナインは福島大会中、ベンチに色紙を持ち込み士気を高めた。
　この日、島袋さんは「優勝したと手紙をもらい、甲子園に応援に来たいと思っていた。決勝戦には必ず来ます」と笑顔で話していた。

（2007年8月9日／福島　毎日新聞）

****

横山部長や斎藤監督率いる聖光学院野球部員と私の交流は今も続いています。
2012年3月には福島より聖光学院ナインがキャンプで沖縄入り。斎藤監督より事前に連絡をいただいていましたので、沖縄キャンプの時に交流を楽しむことが出来ました。

●島袋先生へ

先日は、自分達にご講演をありがとうございました。自分にとって本当に大きな1日となりました。今回自分は初めて島袋先生のお話をきいて、足がなくなってしまったときなどの体験談をきき、本当に大変な経験なことが分かる事ができました。
自分はなぜそんなにはやく立ちなおることができたのか本当に不思議です。先生は、性格がそのような性格だからはやかったとおっしゃっていましたが自分は島袋先生のような人間だからこの試練なんだと思います。先生が言っていた、足がないことを言い訳にしない、ないものねだりをしない、障害をかくさない。この3つの言葉が自分の中で一番印象が強かったです。先生の話をきいていると自分はとても小さなことでなやんでいたのだと改めて感じることができました。
自分も先生のように、「出来ないことの言い訳を考えるのではなく、出来る方法を考える」ような考え方になるにはどうすれば良いのかをしっかり考えて先生に少しでも近づけるように頑張っていきたいと思います。
自分が今　野球でなやんでいることは、先生からすれば小さなこと。このことを忘れずに、考えることを大切に1日1日を歩んでいきたいと思います。
自分は今日　先生と出会うことができ、お話をきくことができて、本当に自分の考え方を変えることができる大きな1日となりました。今日あったことを絶対に無駄にしないようにしっかりと頭の中で整理をして1日1日を歩んでいきます。
本当に、自分達のためにこのような講演をしていただきありがとうございました。
福島聖光学院野球部　3年　岡野祐一

（島袋勉　HPより）

私が聖光学院野球部の生徒さんに以前講演をした後に、
皆さんから私あてに感想文が送られてきました。
ここで紹介した岡野投手は、
第84回選抜高校野球大会（2012年3月）の第5回（3月26日）で
一回戦で相手チームを完封勝利しています。

●指導から学び感じる選手ひとりひとりの真剣な目、流す涙、笑顔

喜びの再会。
聖光学院野球部との交流の度に私が感動するのは、野球部員の感じる心。
野球で勝つことだけが目標ではなく、目標に向けて培《つちか》う精神力や人間として大切な部分を強化《きょうか》する指導。その指導から学び感じる選手ひとりひとりの真剣な目、流す涙、笑顔に感動しています。
交流がはじまって五年。毎回新たな深い感動を味わい感謝しています。センバツ応援しています。

（島袋勉　HPより）

****

2012年8月4日には武豊町社会福祉協議会主催の講演依頼で
愛知県知多半島へ伺いました。
8月3日には斉藤監督や聖光ナインは甲子園入りすると聞きましたので、
4日の講演後に愛知県の知多半島を自転車で出発し、
5日には聖光ナインの宿泊先に向い激励と共に交流を楽しみました。

●義足ランナー、聖光学院の宿舎訪れ激励　福島

夏の甲子園、11日に日大三（西東京）との初戦を迎える福島代表の聖光学院。選手たちが宿泊する大阪市北区のホテルに、両足が義足のランナー島袋勉さん（49）が突然、愛知県から自転車で激励に訪れた。
沖縄県西原町で自動車整備会社を経営する島袋さんは2001年、仕事で出向いた千葉県で踏切事故に遭い、両足のひざから下を失った。だが義足での訓練を続け、04年にはホノルルマラソンで42.195キロを完走。その後国内外の多くのマラソン大会に出場し、07年には富士山の登頂も達成した。困難を乗り越えた自分の体験をもとに、夢をあきらめないことについて、全国各地の学校などで講演を行っている。
聖光学院との交流が始まったのは07年。斎藤智也監督の知人を介し、逆境に負けない強さを教えてもらおうと講演を依頼した。以来、聖光学院を度々訪れ、チームの精神的強さを作る一助となっている

（高校野球　朝日新聞）

私は、必要とされ講演依頼を受けるとスケジュールを調整して全国各地へ向かっています。その行く先々で感謝することにたくさんの人との出会いがあり、私自身がいろんなことを学ぶ事ができています。その一つひとつが自分の糧《かて》になっていると思っています。

事故に遭う前の私は、考えることや工夫をすることが好きで会社内では勿論《もちろん》話をしますが、人前で話しをすることは苦手な分野でした。どちらかと言うと、話すことより聴くことが好きだからです。しかし最初から「話を聞きたいと言われたら断らない」と、決めたので続けていると回を重ね、1000回を超えました。

学校や教育関係の主催の講演依頼も多いですが、企業や団体の全国大会等の講師として呼ばれることも増えるようになりました。

2009年5月には沖縄でIBMさんが、ユーザーを全国から集めて全国大会をするということで呼んでいただき、沖縄コンベンションセンターでお話をする機会がありました。

その時に会場で話を聴かれたお一人が、北海道で富良野地方卸売市場株式会社を経営されている中西社長です。沖縄で、私の話を聞いた中西社長から、「富良野にぜひ来てほしい」と言われました。
富良野の小学校、中学校の子ども達みんなにはぜひ会って欲しいということで、富良野へ行く機会がありました。

●富良野《ふらの》地域の小・中学校、富良野文化会館での講演会

2009年の11月19・20日と2日にわたり、富良野市内の小・中学校の子ども達と市民の皆さんへ連続してお話しをさせていただきました。

●「夢をあきらめない」島袋 勉さん講演会　2009年11月20日

（富良野市立布部小中学校HPより）

20日、沖縄より島袋 勉さんをお迎えし、ご自身の貴重な体験について講演をしていただきました。会場の文化会館大ホールは、市内中学生でびっしり埋め尽くされ、島袋さんのお話に真剣に聞き入っていました。

島袋さんは、2001年に事故により両膝下《りょうひざした》を切断、同時に記憶障害《きおくしょうがい》も負うことになりました。事故が起こって病院の集中治療室で目を覚ますところから講演は始まり、私たちの想像を絶する苦しみを、とても優しい語り口でお話くださいました。
2003年、社会復帰を果たし、フルマラソンや登山などに挑戦する傍ら、講演活動も積極的に行なっていらっしゃいます。

「あきらめない習慣が身につけば一生の財産になるのではないか」
「あきらめない、一生懸命はとてもかっこいいと思う。かっこいい生き方をしている若者が増えることを願っています」
「自分の夢をあきらめかけている人たちへ、あきらめなければ夢は実現できる」

その時の模様は、主催者がDVDにしてくださり、それを観た多くの方から反響が数多く寄せられ、話題になったようです。

●創立85周年記念で講演に伺った富良野地方卸売市場《おろしうりいちば》より届いた色紙です。

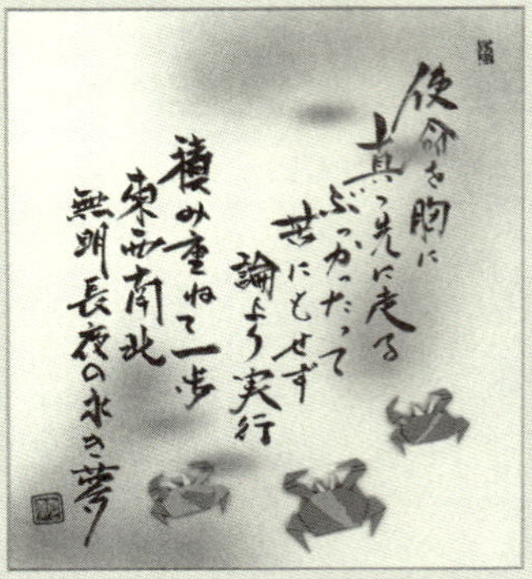

「使命を胸に
真っ先に走る
ぶつかったって
苦にもせず
論より実行
積み重ねて一歩
東西南北
無名長夜の永き夢」

富良野地方卸売市場株式会社　創立85周年記念　社会教育貢献事業として講演依頼があり富良野文化会館で3回講演が開催されました。
富良野市内の小中学校だけではなく、上富良野町・中富良野町・南富良野町の小中学生にも・・・講演を聴けるように・・・と、学校でも3回講演が企画され合計6回の講演会が開催されました。
学校の体育館で開催される場合はどうしても音響《おんきょう》面では・・・問題があるのです。が、主催される社会教育貢献事業《こうけんじぎょう》としては可能な限り地域差をつくらないため、文化会館で聴くような音響を目指して音響設備と人材を導入した努力と準備に学ばせていただきました。社会教育貢献事業に注ぐ思いの深さを感じ感動しました。

●富良野講演を依頼され準備され主催者より届いたメッセージです。

今回、富良野が北海道で最初の学校訪問であり、子供たちに最高のプレゼントができました。講演が終わってから、父兄や関係者から感謝の言葉をたくさん頂いております。また、最初期待していなかった大人たちまでが、勇気をもらったと感激しております。
特に心の障害を持った方が、生き生きとされています。真実の言葉が、どれほど人の心を打つのかを実感しております。

今回は当社の85周年であり、せっかく島袋さんにお出で頂くので、出来うる限りの良い状態で皆様に聴いていただきたいと思いました。
スクリーンは大好評で、沖縄の経験が生きたと感謝しております。
そして、何よりも、島袋さんと3日間ご一緒させて頂いて、その人間性の大きさに、ただただ頭がさがりました。人生の中で、このような方と巡り会えた事がとてもうれしく思っております。

私が社会復帰した当初《とうしょ》は沖縄で私の話を聞いた方から
「私の会社でも・・・」「私の地域でも・・・」「私の学校でも・・・」
と沖縄での講演依頼が多かったのです。
しかし、その後は沖縄以外の地からも、声をかけていただきました。
そして、熱く熱く、私を支えてくださった方たちがいます。

「沖縄の子ども達は幸せだね。直接、島袋さんの話が聞けて。」
こう言って沖縄まで講演を聞きにきてくださったのは

北九州在住の石丸龍《いしまるりゅう》氏です。

「島袋さんの講演会を全国の小、中学校にお願いするには時間がかかります」ということで、その時の講演を「講述録《こうじゅつろく》」として小冊子《しょうさっし》にして小・中学校に寄贈《きぞう》する企画をしてくれました。

そのために、5百人の方々がカンパをしてくれたのです。

さらに石丸氏は、山口県内の高等学校校長を歴任《れきにん》された、佐古利南《さことしなみ》先生の講述録「明日へ」を編集、発行されています。

佐古元校長先生は、その講演の中で、

—最も困難なことを選び取る　島袋勉さんのこと—

と紹介してくださっています。

佐古利南先生には2006年3月にお会いして後「山口県でも話してほしい」と連絡を受け、佐古先生からの依頼や紹介で山口県には度々《たびたび》講演依頼で向かい佐古先生との交流も楽しませて頂いています。

1001回目の「夢をあきらめない」講演後、佐古利南さん、生徒の皆さんとの記念写真です。

もうひとかた、尼崎市立尼崎高等学校の大谷育弘《おおたにいくひろ》先生です。

大谷先生は、「流《りゅう》汗洗心《かんせんしん》」と名づけた学級通信を、生徒とその父兄にあてに、3年間に100

回発行し続けました。
私のことも紹介していただいています。
また、2009年10月には、尼崎高校に
「後期《こうき》人権《じんけん》学習《がくしゅう》」として私の講演会を主催していただきました。
島袋勉さんから学ぶ①〈夢をあきらめない〉、②〈感謝〉、③〈願い〉
さらに、私が講演会でお話していることを纏めた
「島袋勉HP」を紹介していただきました。
「夢をあきらめない」講演依頼で伺った後も継続して、
交流を持っている学校が全国に20校ほどあります。
学校の先生が子供たちの成長を、
継続して教えてくださる方もおられます。
学習発表会で「夢をあきらめない」をテーマにした発表が行われたり、「義足のランナー」の劇が演じられた学校もあります。

●最高の学習発表会の様子を教えてくれて、どうもありがとう！

鳥取市立大正小学校で行われた「最高の学習発表会」での文集を読みました。「夢をあきらめない！」と題した台本も全部読みました。6年生による「劇・夢をあきらめない」をこの目で見たかったです・ね・・・！、義足の役はどうやるのかな・・・？　と思ったら、よく工夫されていて、遠めに見ると本当に両足義足のようです。
演じている時のドキドキした様子や、たくさんの保護者や地域の方が参観に来られて、その多さに圧倒されながらも「やるぞ・・・！」と決意して舞台に出た様子など等・・・とてもよく伝わってきました。

学習発表会から三年が経過しても連絡をくださる学生さんもいます。

●鳥取へ向かっている最中《さいちゅう》で大正小学校のことを思い出しています

大正小学校2008年度卒業生より！嬉しいコメントが届いています。
只今、三宮より鳥取へ向かっている最中で大正小学校のことを思い出しています。
「義足のランナー」の劇・・・DVDで見ました。
もう、来る3月高校受験なのですね。
目標を目指してあきらめない気持ちと毎日の努力を応援しています。

＊＊＊＊＊大正小学校2008年度卒業生＊＊＊＊＊
2008年度の大正小学校の卒業生です。
島袋さんの公演を聞いた後に発表会で島袋さんの劇をやらしてもらいました。僕は、アシュリー役でした。
今は、僕たちは中学3年になりました。3月には受験が控えています。島袋さんの夢をあきらめないと言う言葉に志望校を目指して勉強しています。

（島袋勉　HPより）

「いのちの学習」で著書の
「義足のランナー」を活用してくださっている学校もあります。
学習して感じたことや、学んだことを
「メッセージ」として手紙やアルバムにして送って下さったり、
感想文集にして届くことがあります。
講演に伺う時より、講演後しばらくして、
実際にどのように役だったか？
それが分かると、講演活動を続けていく力になります。

4. マラソン、ロードレース

栗田 智美

兄は講演依頼で各地へ伺う事により素敵《すてき》な方や仲間と共にチャレンジする喜びも味わっています。2009年に兵庫県伊丹在住の大谷育弘先生より学校での講演依頼を受けたことがありました。
大谷先生より依頼のあった学校へ兄が講演依頼で伺った際に十日後にツールド・おきなわ2009で313キロにチャレンジすることを話したようです。それでツール・ド・おきなわへ大谷先生があらわれたのです。
兄は313キロコースにエントリーをしているものの、それまで自転車でそんな長距離を走ったことはなく初挑戦だったのです。私はその時は、応援というより心配で追いかけたのです。
自転車のペダルに義足の靴部を固定していて、何かにつかまらないと自分ではまだ止まれない状態の兄。それでスタート。スタートしてしばらくすると信号が赤になりバタンと倒れてしまったようです。
その兄の状態を見て、ずっと自転車で一緒に前進してくださったのです。そして翌年、大谷さんは同じ志を持たれるチャレンジャーと一緒にツール・ド・おきなわ2010へ。それから毎年。
兄が自分の中で大事にしている部分を共有できる仲間が各地にいて、年に一度集まりチームとしてチャレンジする機会を兄自身とても楽しみにしています。

いろいろな事が生じるなかで、あきらめず一つ一つ出来るようにするための過程《かてい》から私も学ばせていただくことが多く感謝しています。

栗田 智美

兄は特別な人ではありませんが、自分がやりたいと思う事は決してあきらめない人です。両足がなくなっても、脳に機能障害《きのうしょうがい》があっても、目に複視《ふくし》という焦点《しょうてん》が合わず何重《なんじゅう》にもダブって見える状況があっても、自分がやろうと思う事はあきらめないのです。

「山に登る」と言い出したのも、マラソン大会で走るようになり、どうしても時間がかかるのでトイレに行くのです。トイレはマラソンコースから外れた広場や、公園の芝生などによくあるものです。両足義足の兄にとっては義足の中の断端部《だんたんぶ》を痛めやすい足場の悪い場所にトイレがあるのです。
どうしても足を痛めやすい場所に対する苦手意識《にがていしき》が兄はあったようです。それで足場が悪い所への苦手意識を克服するために兄が自分なりに考えたのが、足場の悪い道が続く「登山」なのです。
「山へ登りたい」と思い出すと、それからは大変です。現状認識できていない状態で本人は挑戦を始めるのですから。私はいつもハラハラです。しかし、あまり現状を考えすぎると、最初の一歩を踏み出すことができないのも確かだと思い、意欲があるからこそあきらめずに挑戦を楽しめていると考えるようにしています。

兄が苦手な事から逃げない習慣を身に着けるため、苦しくてもあきらめることなく挑戦を続けていると、本当に心の通う方と出会え、感謝しています。兄はマラソンでもそうですが、皆がゴールして真夜中になろうが、たった一人になろうが目標地点まで行きたい人なのです。自分が決めたことを行ないたい人なのです。

それが分かるので傷だらけになって、例え義足が履《は》けなくなったら、這《は》ってでもゴールへ・・・と私はその情景《じょうけい》を考えるのです。
どんな状態になってもあきらめないってわかっているので、両足がなくなった後は心配で追いかけてい行く私です。
そのような中で兄があきらめずに朦朧《もうろう》とした状態で挑戦を続けていると、何かを感じて歩みよって下さる方にお会い出来ているのです。兄の「あきらめない」心や姿に感動する方との出会いに私も深く感謝しています。

両足義足になり初めてホノルルマラソンを走った時も、自分がゴールした後、兄を探して一緒にゴールしてくださった方がいました。
2006年二度目にニューヨークシティマラソンを走りに行った際には、沖縄出身でNY在住の写真家Yoshi, Higaが“Team, Shimabukuro”を結成してNY在住の友人たちが応援とサポートをしてくれたのです。

次のページは、その時の現地の新聞報道です。

●2006ニューヨークシティマラソン　Yoshi, higa宅にて

NYTHE NEW YORK TIMES　Monday, November 6, 2006

THE NEW YORK TIMES

Monday, November 6, 2006

Accompanied by morninng shadoes,

runners hit their stride on Fourth Avenue in Brooklyn.

On Bedford Avenue, one competitor gave

it his all as he approached the halfway mark.

●CM2006　ニューヨークシティマラソン2006　レポート

「ニューヨークシティマラソンで見た両足義足の日本人チャレンジャーへ」のメールをアリガトウございます。
マラソン中は義足の中の部分の痛みで頭は朦朧としていますが、ゴールした後・・・その日は激痛ですが、翌日はあきらめない喜びのような・・・充実感を味わっています。

2006ニューヨークシティ →
マラソンゴールシーン

栗田 智美

2006年のゴールは、それほどまで遅くならなかったのですが、2007年のニューヨークシティマラソンでは、途中、義足装着が骨の痛みで難しくなりました。数歩進んでは、義足を脱ぐ。その繰り返しでセントラルパークに入ったのは夜の11時を過ぎる・・・そんな状態でした。
何時に通過するか分からない、予想できない人を待ったりサポートするのは本当に大変だと思います。兄の場合、義足の中で骨の痛みが出てしまうと、義足が履けなくなり本人の目標タイムより大幅に遅れるのです。

それでも、あきらめない兄ををずっと待っていてくださり、最後は一緒に前進してゴールへ。そんな心の通う仲間に感謝しつつ
今も交流が続いています。

兄は足の痛みで苦しみながらですがフルマラソンを走れるようになったら、今度は24時間マラソンに出たいと言い出すこともありました。どうしてか？　理由は「24時間でどれだけ走れるのか？」自分への挑戦みたいでした。最初2005年は長野県の野辺山で次に愛知県豊田での24時間チャリティマラソンに挑戦していました。その時はかなり義足の中の断端部が腫れ上がり痛々しい状態でした。

2008年には東京・夢の島24時間チャリティマラソンを兄がまたまた一人でエントリーしていていました。その時ニューヨークシティマラソンでゴールまで前進してくれた仲間が応援に駆けつけてくださったのです。
24時間マラソンは個人で一人で走ることも、リレーでチームで走ることもできます。翌年の2009年はニューヨーク在住のYoshi, Higaが呼びかけた仲間で24時間リレーマラソンを楽しむことができました。

●2007ニューヨークシティマラソン

3度目のNYCM ！今回は義足が変わったこともありスタートして5マイル程で一度義足を脱いだ後から骨の激痛が出てしまいました・・・。途中5、6歩進んでは義足を脱いで、義足を装着して進んではまた脱いで・・・時間がドンドン経過するなか激痛も次第に良くなるだろう！！と信じて前進。激痛で朦朧《もうろう》としていましたが、NY在住の仲間が一緒に前進してくれていた。そしてすでに完走した仲間が伴走《ばんそう》に駆けつけてくれて気がついたら夜のセントラルパークをみんなと一緒に前進してゴールへ。

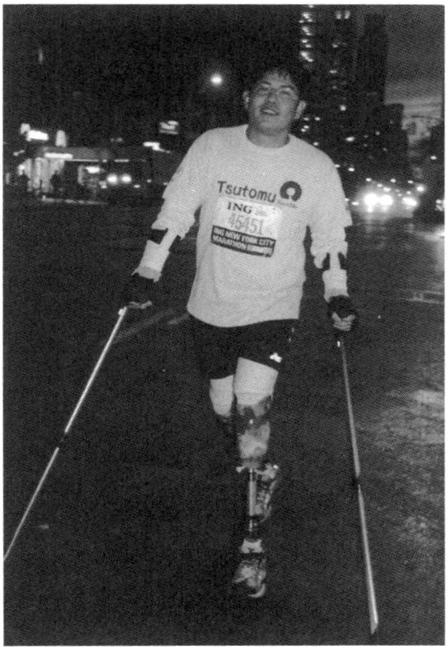

●【ニューヨーク】両足義足の島袋さん　NYマラソン完走

米ニューヨークで11月4日行われたニューヨーク（NY）マラソンで、沖縄出身で両足義足のランナー・島袋勉さんが完走し、大会の注目を集めた。困難を克服し、完走した島袋さんは「今年はいろいろ手違いがあり大変でした」と苦しみを見せず笑顔で語った。

大会では、ハンディキャップの走者は車いすと同時にレース2時間前のスタートだが、手違いで島袋さんは一般でのスタートとなった。その上マンハッタンのホテルが満室で、遠くニュージャージーで宿泊し、朝の集合に困難を来した。

ハンディキャップ走者として2時間前に出発することができなかったが、島袋さんは11時間33分で完走メダルを首に掛けてもらった。

富士山登頂の際に折れた松葉づえや新調した義足が痛みを増すなどで、出発から苦難のチャレンジとなった。橋を渡りマンハッタン島に入ったときには秋の太陽がすっかり西に姿を消し、走者は誰もいなくなった。道路の清掃車が忙しく動き回る時間となったが、島袋さんはあきらめず完走した。

一番街の一直線に入ると、どこから集まったのか沿道では拍手、声援が嵐のように巻き起こった。島袋さんは、完走したランナーらの伴走の応援を受けながら、すでに暗くなったビルの谷間を笑顔で一歩一歩前進し、ゴールした。

大会には4万5千人が参加した。世界でも名高いNYマラソンで「決してあきらめない」を実証し優勝ランナーのポーラ・ラドクリフとともに、島袋さんは多くの人々に感動を与えていた。

（比嘉良治通信員）

（琉球新報　2007ニューヨークシティーマラソン　2007年12月9日掲載）

●楽しく走った東京ゆめのしま24時間リレーマラソン

昨年から参加している「東京ゆめのしま24時間リレーマラソン」・・・今年はTeam yoshiのメンバーで楽しく・・・そしてにぎやかに走ることができました。NY在住のYOSHIさんとNYより帰国したYoshi仲間でタスキを手渡しながら楽しく走りました。
今回はロフストランドクラッチ（医療補助杖）を使わずに最初と最後を走りました。走ると義足の中の足はどうしても痛くなるのですが、雰囲気が良くて楽しい駅伝でした・・・。

栗田 智美

本日はニュヨークマラソンで自分がゴールした後にまた一緒にゴールに向けて前進してくれた仲間や、夢の島24時間リレーマラソンを一緒に走ってくださった方がいらっしゃてくださっています。

兄自身にとっても、私達家族にとっても、兄の事故は本当に悲しく衝撃的でした。しかし、悲しみで生じたことを嘆《なげ》き逃げるよりも、生じたことを関係する家族が受けとめ、それぞれが自分に出来ることを行い続けることにより、この苦しみを通して学ばせていただくことが本当に多くありました。

事故後、退院して社会復帰した兄が講演依頼で全国各地へ向かうようになるとは、事故直後は少しも考えていなかったことです。兄も当初は小学校での講演依頼を受けた時に「小学生の児童に、自分の経験を話してどれだけ伝わるのか・・・」と、考えていました。
しかし、「夢をあきらめない」講演を聞いた後に小学校の児童が書いて届けてくれた感想を読み、深く感動していました。

兄は退院後、「話を聞きたいと言われたら断らない」と決め、スケジュールさえ調整できるなら依頼に応じるようにしてきました。
「義足のランナー」と言う著書がありますが、兄はいつも走っているのではありません。両足義足でもフルマラソンを走りたいと兄が目標があったので、その記録として「義足のランナー」としたのです。
通常は株式会社ラシーマという会社の社長ですので、講演依頼で全国へ出向くには当初スケジュール調整が課題でした。課題と向き合いつつ、講演依頼に応じられるように調整を続けることによって、その交流から兄は大きな励みを頂いています。

5. マラソン、ロードレースで出会った方たち

2004年12月12日。私以外は、だれもが実行するとは信じられない最初のマラソン。このホノルルマラソンで、信じられないほどのたくさんの人たちとの出会いがあり、あたたかい支えがありました。

私が両足義足でフルマラソンを走ると聞くと、
「すばらしい。本当にすばらしい。がんばるのよ。必ず家の前で応援するからね」
と目にうっすらと涙を浮かべて語りかけてくれた日系人女性。

疲労困憊《ひろうこんぱい》といったランナーが、私を見ると拍手をしながら近寄って来る。そして、「グッド・ジョブ！」と親指を立て、何度も何度も私の目をのぞき込む。自分のことよりも私への激励を優先させる、その人柄に、私は素直に感動しました。

ここには、私たちに、グッドジョブ、グッド・マン、ナイス・ガイ、アロハスピリット、ナイスランナー、とさまざまな声をかけて、
心から応援してくれる、大勢のランナーと市民がいてくれたのです。
そして、ゴールまで一緒に走ってくれたアシュリーとの出会い。

2004年12月12日。ホノルルマラソン、42.195kmを完走。

思えば、長野のリハビリセンターで、看護師さんたちに宣言した
マラソンの約束を果たした瞬間《しゅんかん》でした。

そして、その後のマラソンを続けることになった
私の背中を押してくれたのが、「琉球新報《りゅうきゅうしんぽう》中部支社報道部」の
与那嶺《よなみね》松一郎記者でした。

初マラソンである中部トリムマラソンを
「両足義足のランナー」と記事で紹介してくれたのです。
そして、与那嶺記者に「次の目標は何ですか？」と聞かれ私は、
「いつかホノルルマラソンを走りたい」と答えたのでした。

「笑顔は心のバロメーター」の見出しで
次のように紹介してくれました。

●2005年1月13日の琉球新報「読者の余禄」欄

年の瀬に、1通の手紙が届いた。11月の中部トリムマラソン大会で「両足義足のランナー」として紹介した島袋勉さんの妹、栗田智美さんからだった。
「兄のホノルルマラソン完走のご報告」との書き出しに、度肝を抜かれた。中部トリムで3キロの部を完走した島袋さんは、「夢はホノルル」と笑顔をふりまえていた。だが、初めての長距離走で、それからひと月余りしかたっていなかった。

「懸命の特訓を重ね、いつの日か必ずや夢を実現してくれるのだろう」と

数年後の感動ドラマを勝手に期待していたのだが、再会するや島袋さんは「義足だからって、できないことは何一つないんじゃないかな」とあっけらかんと笑った。
「苦難を乗り越え」などと湿っぽい常とう句を使いそうになる取材の思惑は、いつだって軽やかに裏切られてしまう。

どこまでも自然体で明るい。栗田さんからもらった手紙には「心に障害のない意欲」とあった。笑顔を心の健康度を図るバロメーターだ。

この新聞記事の4ヵ月後、私は二度目のフルマラソン
「バンクーバ国際マラソン2005」に挑戦したのです。

マラソン、登山のほかには自転車にも乗り続けています。
2009年から私が毎年欠かさず出場しているのが、
「ツール・ド・おきなわ」です。
沖縄本島一周323kmを二日間で完走する
アップダウンの激しいサイクリングに挑戦してきました。
この「ツール・ド・おきなわ」には
「あきらめない習慣を身につけたい」と願う
チャレンジャー仲間が沖縄に駆け付けてくれています。

そのなかの一人に、先ほど紹介した大谷育弘さんがいます。
2009年11月におこなわれたこの「ツール・ド・おきなわ」に
私と一緒に出場した大谷さんがこのときの体験記を
「学級通信・流汗洗心《りゅうかんせんしん》」で紹介されています。

市立尼崎高等学校　3年C組　学級通信　　　　第92号　平成22年1月14日

流汗洗心（りゅうかんせんしん）

汗を流して、心を洗う。　自ら汗を流して、人としての大切なことを知る。

島袋さんと共に

10月27日に本校で島袋勉さんに講演会をして頂きました。

逃げずに真正面からチャレンジし続けておられるのそのお姿に感動しました。

その夜、仲間の先生方と勉さんを囲んで夜遅くまで心に響くお話を伺いました。

しかし、人の話を聞いて感動しているだけでは・・・。

共に汗を流し、共に苦しみを共感したくなりました。

11月7・8日、ツールド沖縄で本島一周315kmサイクリングに出場されるということで、ぜひともサポートさせて頂こうと一人勝手に決めていました。

初日190km、名護から上半分を走ります。

AM7：00にスタートし、

PM8：30に二人だけでゴールしました。

13時間半のドラマでした。

スタートして5分後の信号で勉さんは思い切り転倒《てんとう》されました。
義足をペダルにくくりつけているため、急にはずすことができません。それから、私が支えの棒の役になる覚悟が決まりました。

海沿いの道は最初だけでほとんど峠でした。
20までは数えていましたが、30はあったと思います。
坂道では、電池が切れた機械の様にバタッと転倒されます。
坂道発進ができないため、その後は押して上るしかありません。
その苦痛の表情と呼吸を隣で感じるだけで、胸が痛くなりました。

1時間おきに義足をはずされ、血の循環《じゅんかん》をよくさせるために足を上に向けて寝転《ねころ》びます。
その際、悲鳴《ひめい》のような声を出されていました。
写真や映像では、そのシーンは決して見せないのだ存じます。

後半はペダルをこぐ度に、義足がずれている音がしました。
しかし、歯を食いしばっているお姿を見ると、涙が止まりませんでした。

最後の峠の入り口の制限時間が17時30分でした。
過ぎると強制的に車でゴール地点まで運ばれます。
私は何とかその時間までに勉さんを誘導したいとそればかり考えていました。
しかし、一こぎ、一こぎに大きな痛みを感じながらただひたすらペダルをこぎ続けておられるお姿を拝見し、時間を気にしている自分はなんて小さいのだろうと思いました。
速いとか遅いとか、勝とか負けるとか、そんなことは、とてもとても小さなことでした。

正に、人生そのものだと感じました。

命を削って、自分と闘っている方にかける言葉などありません。

車で応援して下さっている妹さんは笑いながら言いました。

「兄は夜中になろうが、朝になろうが、真っ暗な山道をはってでも、一人でも行く人です。」

感涙《かんるい》しました。

満天《まんてん》の星空を眺めながら妹さんの車のハイビームに照らされながら勉さんと二人で超えた真っ暗な峠は一生忘れません。

道中いろんなことがありました。

坂道で仏様のようなおばあちゃんに出会い、優しさを感じることができたのも、勉さんが坂を押して歩いて下さったおかげです。

沖縄のきれいな星を眺めながら自転車に乗ることができたのも勉さんが最後まで頑張りぬ

いて下さったおかげです。

勉さんの痛みや苦しみの1000分の1すら感じることが出来ませんでしたが、ずっとそばにいれたことが何よりも嬉しかったです。

感動の話、感動の映画たくさんありますが、自らの体感に勝るものはありません。
最高でした。
ありがとうございます。

（出典：大谷育弘さんの冊子「流汗洗心」P192～193）

この大谷先生の体験記を読まれた後、2010年にこの「ツール・ド・おきなわ」へ和光市より初参加されたのが、理化学研究所の科学者《かがくしゃ》である木下和久《きのしたかずひさ》さんです。

木下さんはこのときの事をこう書いています。
「大谷先生の体験記を読んで何とも言えない感動を覚えていました。まさか無理だとは思うけれど、自分も島袋さんと一緒に走れたらいいなという気持ちがその時既に心のなかに生まれていたようです。」
木下さんは、佐古利南先生の「講述録」も読まれていて、「いつか島袋さんに直接お会いしてみたいと思っていた」ということでした。
木下さんは大谷先生と読書会にご一緒した寺田一清《てらだかずきよ》先生とうどん屋で、この後のレースで大変お世話になる、トライアスロンの八尾彰一《やおしょういち》監督と同席となっていたそうです。

ほんとうに何かの糸で繋《つな》がれているとしか思えませんと語る木下さんですが、その木下さんに私は毎回、「ツール・ド・おきなわ」の度に助けられているのです。そして、先ほどお話した「ツール・ド・おきなわ」に集う仲間のうちまず、この方無くしてはこのロード・レースはありえません。八尾彰一さんです。

●Tour de Okinawa 2012 体験記　2012.11.24－25

2012年　それぞれのチャレンジ

チャレンジャー	11月24日（1日目）	11月25日（2日目）
島袋　勉	やんばるセンチュリーライド（179㎞）	50㎞レース
木下和久	やんばるセンチュリーライド（179㎞）	50㎞レース
埜口経司	やんばるセンチュリーライド（179㎞）	—
川合伸明	やんばるセンチュリーライド（179㎞）	50㎞レース
山崎　良	やんばるセンチュリーライド（179㎞）	50㎞レース
小峠大地	やんばるセンチュリーライド（179㎞）	50㎞レース
横山　太	沖縄本島一周サイクリング（328㎞）	
音川誠一郎	やんばるセンチュリーライド（179㎞）	50㎞レース
松浦弘幸	沖縄本島一周サイクリング（328㎞）	
金　大竜	やんばるセンチュリーライド（179㎞）	—
八尾彰一	—	210㎞レース
金城真二	—	140㎞レース
大谷育弘	—	100㎞レース
木下家ご家族	家族そろっての応援。	
埜口家ご家族	家族そろってサプライズ&応援	
お母さま・宣明さん・智美さん	常に笑顔で大声援。	

★★兵庫県八尾彰一★★

いろんな方の支えがあって「ツールド・おきなわ」に参加できました。チャレンジできるのも背中を押してくださる方々のおかげであります。ありがとうございます。

那覇空港に到着すると真っ先に、シークアーサージュースで迎えてくださった笑顔のお母さん、智美さん、宣明さん、いつも快く受け入れてくださりありがとうございます。溢れんばかりの優しさをいただき、チャレンジへの緊張や不安がどんどん消えてきました。優しさをいただくことによって、心が穏やかになっていくことを実感しました。とても幸せです。

ツールド初日、前日の雨もあがって気持ちのいい朝を迎えてのスタートです。奥さんのサプライズで少々緊張気味の埜口さんは懸命にペダルを踏み込んでおられます。初めての長距離にチャレンジされる不安を全て受け容れて峠を走っておられる背中が大きく見えました。

横山さんも初めてとは思えない軽快な走りで風に乗っておられました。初めてのチャレンジは不安です。そんなことすら感じさせないで全力でペダルを踏んでおられる。むしろ楽しんでおられるように見えるのは、日ごろから全力で生きておられるからこそ、苦しいことも楽しめる心の強さがあるのだと思いました。金剛山の二百回登頂には驚きました。

智美さんの運転する車からお母さんが力いっぱい声を出されて応援されています。その応援に私たちは力をいただきました。大谷先生がお母さんもチャレンジです。と言われました。応援するお母さんは、この瞬間を全力で生きておられる。力を振り絞り、お言葉を下さるお母さんから、「生きる意味」「覚悟」を知る機会を与えていただきまし

た。ありがとうございます。
ハッピー先生、連日のハードワークで体調も不十分ですが、チャレンジを楽しんでおられるように見えました。共に走っておられる先生方は声を出して、ハッピー先生の大きな背中を手で、心で、支え汗を流されています。これがチームなんだと実感しました。
コースでは、智美さんと共に、木下さん、埜口さんのご家族がサポートされています。お子さんは、頑張るお父さんを誇らしげに見ておられました。奥様の心を寄せて励まされているお姿を見て、素敵だと思いました。日常生活でも身近な人が寄り添ってくれているだけで、嫌なことや辛さを忘れさせてくれることがあります。家族の存在はとても大切なんだと気づきをいただきました。やってもらってばかりだとその有り難さがわからなくなるときがあります。このチャレンジを通して求めるばかりの自分を改めようと学びをいただきました。
美奈子さんのお守りのおかげで、安心して走れました。今、走れている自分は、多くの方に支えていただいているからであって、トレーニングを積んだからではないのでした。チャレンジの途中で挫けていく自分が出てきました。そんな時、全力が尽くせるのも、尽くせるように、いろんな人によって導いてくださったからだと気づかせていただきました。
四年前、大谷先生とのご縁があって、優しく背中を押していただき、再び走る機会を与えていただきました。このご縁が無ければ今の走っている私は存在していません。本当にありがとうございます。

心配りのお弁当、金城さんスペシャルのバーベキュー、智美さんのゴーヤちゃんぷる、川合先生の広島焼き、牡蠣のバター焼き、山

崎先生のトンペイ焼き、松浦先生のパンケーキと愛情たっぷりの夕食をいただきました。
二日目のチャレンジの後、料理を食べていたら、突然、電気が消えました。誕生日のサプライズを何日も前から企画していただいていたのです。自分を再び立ち上がらせてくださったみなさまに五十歳という節目にも、最高のプレゼントをいただきました。こんな人間に、ここまでして下さり頭が下がるおもいです。小峠先生がケーキを何時間もかけて探されたと聞きました。実直な小峠先生は、レース後の疲れた体にもかかわらず、汗だくになって探されたのだとおもうと感謝しきれません。ありがとうございます。メッセージアルバムも私が知らない間に出来ていました。メッセージを下さったみなさま、綺麗に仕上げてくださった松浦先生、参りました・・・！ここでも優しさをいっぱいいただきました。人生の宝物をありあとうございます。
最後にこのツールド・おきなわにチャレンジできるのも島袋勉さんがいてくださるからです。日本列島の半分を自転車で走られて、直前の交通事故に遭われても今を、「決してあきらめるな！」と見本を見せてくださりました。全力で生きる姿を教わりました。
勉さんのような恐るべしチャレンジはできませんが、今を全力で生きる事を意識して、このチャレンジから経験させていただいたことを大切にしたいと思います。多くの方に守っていただいたからこそできたチャレンジでした。ありがとうございました。

今年（2013年）も「チャレンジャー」の皆さんとの再会を楽しみにしています。

あとがき

2001年、私にとって衝撃的《しょうげきてき》な年となりました。

20歳で会社を創業《そうぎょう》した私は、ITに特化して会社をさらに発展させようと考え、IT技術先進国であったアメリカへ、二度目の視察にでかけました。

視察を終え4月10日ロサンゼルスから成田へ帰国。翌日、羽田から沖縄へ戻る予定でした。到着したその夜、千葉県の船橋市内で事故に遭《あ》ってしまったのです。

救急病院《きゅうきゅうびょういん》のベッドで目覚めたときには、何が何だか判りませんでした。しかし現実は、言わば突然の三重苦《さんじゅうく》となっていたのです。膝下《ひざした》からの両足切断《りょうあしせつだん》、頭は高次機能障害《こうじのうきのうしょうがい》、目もモノがダブってしまう複視《ふくし》、こんな状態でした。

傷の激《はげ》しい痛みと、幻肢痛《げんしつう》。頭と目の障害《しょうがい》。でもそれ以上に私の胸には、「会社経営で支援してきてくれた方たち、社員、家族に迷惑はかけられない」という思いがありました。特に会社発展のために融資の保証人となり経営を支援してくれた方へ「迷惑をかけたくない。」と強い気持ちがありました。会社を経営している以上、自分にはどうしても果たさなければならない責任がある。「そのためには一日でも早く歩けるようになり会社に戻りたい」と、必死な思いでした。

歩けるようになるために懸命《けんめい》に訓練をしていると、炎症《えんしょう》が生じたり、神経腫《しんけいしゅ》などの問題もあり再手術を予定していました。しかし入院から20ヶ月目に会社が倒産の危機に直面していると知り、医師に相談し退院を希望して急遽《きゅうきょ》、会社に戻りました。

会社に戻ると確かに私の前には、正直過酷《しょうじきかこく》な現実がありました。会社倒産の危機、さらには身体的な障害、記憶障害《きおくしょうがい》でした。でも、支えてくれた方に迷惑をかけることだけはしたくないと、必死な思いからどうにかできる方法を考える必要がありました。

突然の事故で思いもしなかった新たな身体的な状態になり、最初は一歩も歩けなかった私です。それでも「責任を果たすためにまず出来ることをしょう」「工夫してみよう」と出来ることから取り組みました。「現状を受け入れ、みとめたうえで、あきらめずにできる方法だけを考え努力を続ければ、きっと状況はよくなる。」と確信していたからです。

思えば、幼少のころから母がよく言って聞かせてくれたあの、「よく考えればわかるのよ」「工夫すれば出来るの」という言葉が私の心の支えになったのだと、母には感謝しています。

本書で紹介しましたが、その他にもたくさんの方たちからの、あたたかい助けや支えをいただき、現在の私がいます。

その恩返しの意味もあって、全国各地からお声をかけていただいた時には、喜《よろこ》んで出かけて行きお話をする機会をいただいています。

そうした講演会《こうえんかい》も1,000回を超えました。

その会場で、参加者の方からこんなご質問が、よくあります。

「島袋さんは、なぜマラソンや登山を続けているのですか」

「島袋さんの生き方や考え方は、子どもの頃の影響《えいきょう》ですか」

「どんな子どもでしたか、どんなことを教えられましたか」

皆さんのこう言った疑問《ぎもん》や質問に、何とかお答えが出来ればいいと思っていたところ、ごま書房新社からお話があり、この本を出版することになりました。そして最後になりましたが、出版社とのご縁《えん》をむすんでくださった志賀内泰弘《しがないやすひろ》さんにあらためて感謝いたします。

本書が、皆さんに「夢をあきらめない」ために少しでもお役に立てればと願っています。最後までお読みいただきありがとうございました。

平成25年3月

島袋　勉

終了マラソン・登山

・KYOTO MARATHON 2013　京都マラソン（2013/3/10）
・TOKYO MARATHON 2013　東京マラソン（2013/2/24）
・第21回 おきなわマラソン大会 2013 OKINAWA MARATSON（2013/2/17）
・第54回 NAGOハーフマラソン（2013/2/03）
・第11回 石垣島マラソン（2013/1/27）
・美ら島オキナワCenturyRun 2013　センチュリーラン100mile/160km（2013/1/20）
・ツール・ド・オキナワ 2012　市民レース50km（2012/11/25）
・ツール・ド・オキナワ 2012　やんばるセンチュリーライド179km（2012/11/24）
・2012久米島マラソン（2012/10/28）
・第12回 あやはし海中ロードレース大会（2012/4/01）
・奄美大島チャレンジサイクリング240km（2012/3/25）
・第24回 なんぶトリムマラソン大会（2012/3/18）
・KYOTO MARATHON 2012　京都マラソン（2012/3/11）

・TOKYO MARATHON 2012　東京マラソン（2012/2/26）
・2012 OKINAWA MARATSON　おきなわマラソン（2012/2/19）
・第10回 石垣島マラソン（2012/1/22）
・第40回 ごさまるトリムマラソン大会（2012/1/15）
・第27回 NAHAマラソン大会（2011/12/04）
・ツール・ド・オキナワ 2011　沖縄本島一周サイクリングコース323km（2011/11/13）
・ツール・ド・オキナワ 2011　沖縄本島一周サイクリングコース323km（2011/11/12）
・2011久米島マラソン（2011/10/23）
・ツールド・ちば 2011　Tourde chiba 2011 366Km（2011/10/10）
・ツールド・ちば 2011　Tourde chiba 2011 366Km（2011/10/09）
・ツールド・ちば 2011　Tourde chiba 2011 366Km（2011/10/08）
・2011年富士山登山　海抜0～自転車でスタート（2011/8/22）
・2011年富士山登山　海抜0～自転車でスタート（2011/8/21）
・ツール・ド・オキナワ 2010　沖縄本島一周サイクリングコース323km（2010/11/14）
・ツール・ド・オキナワ 2010　沖縄本島一周サイクリングコース323km（2010/11/13）
・第20回つわのSL健康マラソン（2010/3/14）
・美ら島オキナワCenturyRun 2010（2010/1/17）
・第25回 NAHAマラソン（2009/12/06）
・第20回 中部トリムマラソン（2009/11/15）
・ツール・ド・オキナワ 2009（2009/11/07）
・2009 尚巴志ハーフマラソン（2009/11/01）
・10月12日（月）am7:00スタート：ラシーマ100Kウォークコース（2009/10/11）
・2009年富士山登山…麓から頂上…そして麓まで（2009/8/02）
・第8回 24時間グリーンチャリティーリレーマラソンin東京ゆめのしま（2009/6/13）

・第35回 記念東広島ロードレース（2009/2/11）
・第50回 名護ハーフマラソン（2009/2/08）
・第7回 石垣島マラソン（2009/1/25）
・第33回 新城マラソン（2009/1/18）
・ホノルルマラソン2008（2008/12/14）
・ニューヨークシティーマラソン2008（2008/11/02）
・三河湾チャリティー100Km歩け歩け大会（2008/10/26）
・三河湾チャリティー100Km歩け歩け大会（2008/10/25）
・富士登山/八合五勺～登頂～下山（2008/8/15）
・富士登山/里見平よりスタート（2008/8/14）
・富士登山/北口本宮富士浅間神社より（2008/8/13）
・24時間グリーンチャリティーリレーマラソンin東京ゆめのしま（2008/6/15）
・24時間グリーンチャリティーリレーマラソンin 東京ゆめのしま（～6/15）（2008/6/14）
・ロンドンマラソン　42.195km（2008/4/13）
・東京荒川市民マラソン　42.195km（2008/3/16）
・熱海湯ラックスマラソン　5.0km（2008/3/09）
・東京マラソン　42.195km（2008/2/17）
・NAGOハーフマラソン　21.0975km（2008/2/10）
・伊東オレンジビーチマラソン　5.0km（2008/1/20）
・ホノルルマラソン2007　42.195km（2007/12/09）
・ニューヨークシティマラソン　42.195km（2007/11/04）
・広島MIKANマラソン　3.0km（2007/10/21）
・嘉津宇岳（2007/9/17）
・富士山　～登頂から帰還（2007/8/08）
・富士山　～痛みに耐えて、遂に富士山登頂（2007/8/05）
・富士山　～いざ登らん富士の山！！（2007/8/04）
・ラシーマ60Kウォーク（2007/5/27）
・バンクーバ国際マラソン　42.195km（2007/5/06）

・東京マラソン　42.195km（2007/2/18）
・石垣島マラソン　21.0975km（2007/1/28）
・ホノルルマラソン　42.195km（2006/12/10）
・ニューヨークシティマラソン　42.195km（2006/11/05）
・久米島マラソン　42.195km（2006/10/22）
・バンクーバ国際マラソン　42.195km（2006/5/07）
・あやはし海中ロードレース大会　10.0km（2006/4/02）
・おきなわマラソン　10.0km（2006/2/26）
・アコンカグア峰　〜登山報告（2006/2/13）
・NAGOハーフマラソン　21.0975km（2006/2/12）
・ホノルルマラソン　42.195km（2005/12/11）
・琉球新報　挑戦から進歩実感　義足の島袋さん（中部トリムマラソン）（2005/11/21）
・沖縄タイムス　義足の島袋さん熱走／ツール・ド・おきなわ（2005/11/14）
・ニューヨークシティマラソン　42.195km（2005/11/05）
・久米島マラソン　42.195km（2005/10/23）
・24時間マラソンinとよた　80.8km（2005/8/27）
・24時間マラソンin野辺山　74.0km（2005/7/29）
・ゴールドコーストエアポートマラソン　42.195km（2005/7/03）
・8時間共生・共走リレーマラソン　48.0km（2005/5/29）
・バンクーバ国際マラソン　42.195km（2005/5/01）
・あやはし海中ロードレース大会　10.0km（2005/3/27）
・おきなわマラソン　10.0km（2005/2/27）
・NAGOマラソン　10.0km（2005/2/13）
・海洋博公園全国トリムマラソン　10.0km（2005/1/09）
・ホノルルマラソン　42.195km（2004/12/12）
・中部トリムマラソン　3.0km（2004/11/14）

著者略歴

島袋　勉（しまぶくろ　つとむ）

1963年　沖縄県那覇市生まれ。
1983年　20歳で会社創業。新システム開発により成長。
2001年　4月アメリカのIT事業視察の帰り千葉県にて事故に遭う。両下腿切断。頭部挫創による高次脳機能障害（記憶障害）を負う。
2004年　11月に両足義足でトリムマラソン、3キロに初挑戦。
同年　12月ホノルルマラソン（42.195キロ）に挑戦完走。
2006年　2月アルゼンチン・アコンカグア峰の登頂挑戦。
2007年　2月　第1回東京マラソン。
同年　8月富士山挑戦、痛みに耐えて遂に初登頂。
2010年　ツール・ド・オキナワ2010（沖縄本島一周323キロ）。
2011年　富士山登頂、海抜0から自転車でスタート。
2012年　第1回京都マラソン。
2013年　2月東京マラソン　3月京都マラソン

2004年の初マラソン以来、国内外の各マラソン大会に60回近く参加。会社経営のかたわら、全国の学校での講演活動など社会貢献活動にも取り組み、講演活動は1000回を超える。
著書に、島袋勉・栗田智美共著「義足のランナー」（文芸社）。

- ブログ：夢をあきらめない
  http://shimabukuro.blog123.jp/
- 株式会社 ラシーマ
  http://www.rasi-ma.co.jp/

夢をあきらめない　義足の挑戦者

著　者	島袋 勉
発行者	池田 雅行
発行所	株式会社 ごま書房新社 〒101-0031 東京都千代田区東神田2-1-8 ハニー東神田ビル5F TEL 03-3865-8641（代） FAX 03-3865-8643
印刷・製本	倉敷印刷株式会社

ISBN978-4-341-13218-7 C0095